दिलीप मंडल

पत्रकार, लेखक और मॉस कम्युनिकेशन के शिक्षक दिलीप मंडल लगभग ढाई दशक के अपने पेशेवर सफर में *जनसत्ता, अमर उजाला, इंडिया टुडे, आज तक, स्टार न्यूज, इकॉनोमिक टाइम्स, सीएनबीसी आवाज* और द *प्रिंट* समेत कई पत्र-पत्रिकाओं और न्यूज़ चैनलों से जुड़े रहे। *इंडिया टुडे* के प्रबंध सम्पादक भी रहे। भारतीय जनसंचार संस्थान, दिल्ली और माखनलाल चतुर्वेदी पत्रकारिता विश्वविद्यालय, भोपाल में अध्यापन का कार्य भी किया। माखनलाल चतुर्वेदी विश्वविद्यालय में एडजंक्ट प्रोफेसर थे। *दिलीप मंडल की पाठशाला* इनका चर्चित वीडियो कॉलम है। हार्वर्ड यूनिवर्सिटी के इंडिया कॉन्फ्रेंस, 2020 में व्याख्यान दे चुके हैं। उत्कृष्ट पत्रकारिता और मीडिया लेखन के लिए भारत सरकार के सूचना और प्रसारण मंत्रालय तथा प्रेस कौंसिल से सम्मानित किए जा चुके हैं।

ईमेल : dilipcmandal@gmail.com

D1882061

गीता यादव

भारतीय सूचना सेवा की अधिकारी गीता यादव भारतीय जनसंचार संस्थान, नई दिल्ली से मॉस कम्युनिकेशन में पीजी डिप्लोमा हैं। सोशल मीडिया के माध्यम से नारी सशक्तीकरण पर लगातार लिखती रही हैं। *आउटलुक, नवभारत टाइम्स, बीबीसी हिंदी, द क्विंट, द प्रिंट, स्त्रीकाल* आदि पत्र-पत्रिकाओं में इनके आलेख प्रकाशित होते रहे हैं। *#NaturalSelfie* और *#मेरी_रात_मेरी_सड़क* जैसे इनके सोशल मीडिया कैंपेन असरदार रहे। *इंडिया टुडे* ने *इंटरनेट वूमनिया* के नाम से इनका प्रोफाइल प्रकाशित किया है। *फेम इंडिया* ने इन्हें सोशल मीडिया पर प्रभावशाली महिलाओं की सूची में रखा है।

ईमेल : mgeeta143@gmail.com

दिलीप मंडल • गीता यादव

अन सोशल नेटवर्क

राजकमल पेपरबैक्स

राजकमल पेपरबैक्स में
पहला संस्करण : अगस्त, 2021

दूसरा संस्करण : अक्टूबर 2021

© दिलीप मंडल, गीता यादव

राजकमल पेपरबैक्स : उत्कृष्ट साहित्य के जनसुलभ संस्करण

राजकमल प्रकाशन प्रा. लि.
1-बी, नेताजी सुभाष मार्ग, दरियागंज
नई दिल्ली-110 002
द्वारा प्रकाशित

शाखाएँ : अशोक राजपथ, साइंस कॉलेज के सामने, पटना-800 006
पहली मंजिल, दरबारी बिल्डिंग, महात्मा गांधी मार्ग, प्रयागरा-211 001
36 ए, शेक्सपियर सरणी, कोलकाता-700 017

वेबसाइट : www.rajkamalprakashan.com
ई-मेल : info@rajkamalprakashan.com

बी.के. ऑफसेट
नवीन शाहदरा, दिल्ली-110 032
द्वारा मुद्रित

मूल्य : ₹ 199

UNSOCIAL NETWORK
by Dilip Mandal, Geeta Yadav

ISBN : 978-93-90971-99-2

क्रम

भूमिका

सोशल मीडिया मॉस कम्युनिकेशन यानी जनसंचार के क्षेत्र का नया विषय है। फेसबुक 2004 में, ट्विटर 2006 में और व्हाट्सऐप 2009 में आया। यह सब कितना नया है, इसका अन्दाजा इस बात से लगाया जा सकता है कि पहला आधुनिक प्रिंटिंग प्रेस वर्ष 1450 में यानी साढ़े पाँच सौ साल पहले आ चुका था। पहला टीवी प्रसारण 1927 में हो गया। उससे 20 साल पहले रेडियो प्रसारण का सफल प्रयोग हो चुका था। यानी रेडियो और टीवी के आए हुए भी सौ साल हो चुके हैं। सोशल मीडिया को उस बच्चे की तरह माना जा सकता है जो उम्र और अनुभव के लिहाज से तो बच्चा ही है, लेकिन जिसका वजन और जिसकी ताकत किसी महाबली से कम नहीं है। बल्कि विस्तार और अच्छे तथा बुरे प्रभाव की दृष्टि से, बाकी जनसंचार माध्यम तेजी से उसके सामने बौने साबित होते जा रहे हैं।

जो माध्यम इतना नया है और जिसकी पहुँच इतनी व्यापक हो चुकी है, उसमें चौंकानेवाला नया बहुत कुछ होता रहना स्वाभाविक है। यह पुस्तक सोशल मीडिया को भारतीय सन्दर्भ में समझने की कोशिश है।

सोशल मीडिया की दुनिया इन वर्षों में भी लगातार बदलती चली गई है। साथ ही सोशल मीडिया ने भी दुनिया को कई तरह से बदल

दिया है। 15 अगस्त, 1995 में विदेश संचार निगम लिमिटेड ने साइबर स्पेस यानी इंटरनेट की दुनिया को भारत के लोगों के लिए खोला था। तब के डायलअप कनेक्शन से अब 4जी और 5जी तक इंटरनेट ने भारत में लम्बा और दिलचस्प सफर तय किया है। इस क्रम में इंटरनेट के बारे में तमाम अनुमान और आकलन लगातार गलत साबित होते चले गए हैं। टेक्स्ट खासकर छपे हुए शब्दों की दुनिया लगातार सिकुड़ती चली गई और वीडियो ने तेजी से पैर पसार लिए। शुरुआती उत्साह की जगह चिन्ताओं और समस्याओं ने ले ली है। इस पुस्तक में भी कई तरह के आकलन किए गए हैं और कई तरह की सम्भावनाएँ और आशंकाएँ जताई गई हैं। लेकिन हम दोनों लेखक विनम्रता के साथ स्वीकार करते हैं कि यह आकलन और सम्भावनाएँ आज की स्थिति और सूचनाओं और ज्ञान तक हमारी पहुँच के हिसाब से की गई हैं। टेक्नोलॉजी और समाज के बदलते चेहरे और चरित्र के साथ इनमें से कई आकलन गलत साबित हो सकते हैं। वैसे भी फेसबुक और ट्विटर जैसे प्लेटफॉर्म के बारे में किसने सोचा था कि अब उन्हें लेकर ज्यादातर चर्चाएँ नकारात्मक नजरिए से होंगी।

सोशल मीडिया का इस्तेमाल आपसी संवाद से लेकर प्रोडक्ट सेल करने और राजनीतिक कैंपेन चलाने तथा यूजर के डाटा के आधार पर उन्हें टारगेट करके संवाद और विज्ञापन पहुँचाने तक में हो रहा है। इसका इस्तेमाल मॉब लिंचिंग के लिए लोगों को भड़काने में भी हो रहा है। आखिर यह संवाद का ही एक और माध्यम है और इसका क्या इस्तेमाल होता है, यह इस्तेमाल करनेवालों पर काफी हद तक निर्भर है।

सोशल मीडिया इस्तेमाल करनेवालों की संख्या लगातार बढ़ रही है। स्मार्ट फोन की पहुँच जैसे जैसे ज्यादा लोगों तक होती जाएगी, सोशल मीडिया का दायरा भी बढ़ता जाएगा। इसलिए इस पुस्तक में

हम सोशल मीडिया यूजर्स की संख्या बताने से आम तौर पर बचेंगे क्योंकि जब तक आप इसे पढ़ेंगे तब तक वह संख्या बदल चुकी होगी।

सोशल मीडिया का देश, समाज, राजनीति-चुनाव, प्रोडक्ट की खरीद-बिक्री, स्त्री-पुरुष-थर्ड जेंडर सम्बन्ध, स्वास्थ्य, शिक्षा आदि क्षेत्रों पर क्या असर पड़ रहा है, यह दुनिया-भर के मॉस कम्युनिकेशन, समाजशास्त्र, राजनीति विज्ञान, मनोविज्ञान आदि विषय के विशेषज्ञों और शोधार्थियों के लिए दिलचस्पी का कारण है। खासकर राजनीति और लोकतंत्र पर इसके असर को लेकर ढेर सारी चर्चाएँ हो रही हैं। नया विषय होने के बावजूद सोशल मीडिया को लेकर शोधपत्र और किताबों की कोई कमी नहीं है। दरअसल अब जितनी तेजी से विषय आ रहे हैं, उतनी ही तेजी से उन पर शोध और उनका विश्लेषण भी सामने आ रहा है। खासकर पश्चिमी दुनिया के विश्वविद्यालयों में सोशल मीडिया को लेकर कई तरह के अध्ययन लगातार किए जा रहे हैं और उन्हें प्रकाशित भी किया जा रहा है। इसके अलावा कई स्वतंत्र शोधकर्ता और पत्रकार तथा सरकारी और गैरसरकारी संस्थाएँ भी इस पर शोध कार्य कर रही हैं।

जो किताब इस समय आपके हाथ में है, वह इंटरनेट या सोशल मीडिया की किताब नहीं है। यह सोशल मीडिया को विशिष्ट भारतीय सन्दर्भों में समझने की शुरुआती कोशिश है। ऐसा कोई दावा नहीं है कि यह इस दिशा में पहला या नया काम है या पहली किताब है। यह किताब ज्ञान-परम्परा की एक कड़ी है, जिसमें, खासकर विदेशों में, पहले भी ढेर सारा काम हो चुका है और आगे भी काफी काम किया जाएगा। इस किताब में आपको जगह-जगह ऐसा ब्योरा मिल जाएगा कि किन लोगों ने इस क्षेत्र में काम किया है और उनसे हमारी अवधारणाएँ किस तरह मिलती हैं। हमारी यह भी कोशिश है कि ऐसी शोध सामग्रियों और पुस्तकों की जानकारी आपको दे दी जाए, जिनके

जरिए इस विषय को और गम्भीरता से समझा जा सकता है।

इस पुस्तक में अध्यायों की रचना इस प्रकार से की गई है :

पहला अध्याय भारत में सोशल मीडिया के विकास को रेखांकित करता है। इस अध्याय में बताया गया है कि सोशल मीडिया को लेकर शुरुआती दौर में किस तरह का उत्साह था और यह उत्साह अकारण भी नहीं था। सोशल मीडिया की वजह से जनसंचार के क्षेत्र में बड़े पैमाने पर लोकतांत्रिकरण हुआ और लाखों लोग अपनी बात कहने और दूसरे लोगों तक पहुँचाने लगे। सोशल मीडिया के कारण दलितों, आदिवासियों, पिछड़ों और महिलाओं को भी स्वर मिला। इस अध्याय में आगे बताया गया है कि यह शुरुआती उत्साह थोड़े समय में गायब हो गया क्योंकि समाज में जो शक्तिशाली और प्रभुत्वशाली शक्तियाँ और विचार हैं, वे सोशल मीडिया में भी हावी हो गए। प्रकारान्तर में उग्र राष्ट्रवादी और साम्प्रदायिक शक्तियों ने सोशल मीडिया का सबसे ज्यादा और सफल इस्तेमाल किया।

दूसरे अध्याय में यह बताने की कोशिश की गई है कि सोशल मीडिया अपने नाम से उलट अनसोशल नेटवर्क क्यों है और क्या इसकी वजह यह है कि सोशल नेटवर्क बनाया ही इस तरह से गया है कि वह अनसोशल नेटवर्क का काम करे। इस अध्याय में बताया गया है कि समान अभिरुचि या विचारवाले लोग आपस में ज्यादा संवाद करते हैं और चूँकि संवाद से पैदा होनेवाला डाटा ही सोशल मीडिया कम्पनियों का बिजनेस है, इसलिए यह कम्पनियाँ हमेशा कोशिश करेंगी कि लोग अपने जैसे लोगों के समूह में रहें। इस अध्याय में यह भी समझने की कोशिश की गई है कि इसका लोकतंत्र और खासकर भारतीय समाज के लिए क्या मतलब है।

तीसरे अध्याय में *ग्रुप पोलराइजेशन* के सिद्धान्त की दृष्टि से

भारतीय सोशल मीडिया को देखने की कोशिश की गई है। सोशल मीडिया में इस बात की ज्यादा सम्भावना है कि लोग अपने विचार के सबसे उग्र छोर की तरफ बढ़ रहे होंगे। इसकी सबसे बड़ी वजह यह है कि जो लोग ज्यादा उग्र तेवर या अतिरेक में अपना पक्ष रखते हैं उनकी बातें ज्यादा सुनी जाती हैं।

चौथे अध्याय में मॉब लिंचिंग और सोशल मीडिया पर फैलनेवाली अफवाहों के सम्बन्धों की चर्चा की गई है। सोशल मीडिया पर फैली अफवाहों ने कई बार लोगों की भीड़ को हिंसक बनाया है, जिसका अन्त किसी व्यक्ति की हत्या के रूप में हुआ। यह समस्या पश्चिमी देशों की तुलना में भारत, म्यांमार, श्रीलंका, ब्राजील जैसे अपेक्षाकृत पिछड़े देशों में ज्यादा गम्भीर है। इस अध्याय में बताया गया है कि सोशल मीडिया ने पिछड़े देशों में आदिम भावनाओं को नए सिरे से जगा दिया है, जिसमें किसी को दोषी करार देने से लेकर उसे दोष का दंड देने तक का काम भीड़ खुद ही कर रही है और इसके लिए फेसबुक या व्हाट्सऐप पर फैली अफवाह को ही प्रमाण मान लिया जा रहा है।

पाँचवाँ अध्याय यह बताता है कि सोशल मीडिया में यूजर दरअसल एक डाटा है। वह लगातार अपने बारे में डाटा पैदा भी करता रहता है और अपनी जानकारियाँ बाँटता रहता है। सोशल मीडिया कम्पनियाँ इस डाटा को आगे डाटा कम्पनियों को बेच देती हैं जिनका डाटा कम्पनियाँ कई तरीके से व्यावसायिक और राजनैतिक इस्तेमाल करती हैं। इसके आधार पर लोगों के लिए बिलकुल पर्सनलाइज्ड मार्केटिंग रणनीति बनाई जाती है और उनके राजनीतिक व्यवहार को बदलने की कोशिश भी की जाती है।

छठा अध्याय सोशल मीडिया की एक और प्रमुख अवधारणा *एको चेम्बर* को भारतीय परिप्रेक्ष्य में देखता है। इस अध्याय में बताया

गया है कि सोशल मीडिया में जब हम अपने जैसे लोगों को ज्यादा सुनते-देखते हैं तो दरअसल यह एक एको चेम्बर या अपनी ही आवाज की गूँज सुनानेवाले कमरे की तरह हो जाता है, जहाँ प्रतिद्वन्द्वी विचार के लिए कोई जगह नहीं होती या कम जगह होती है।

सातवाँ अध्याय यह बताता है कि सोशल मीडिया पर कोई भी कंटेंट वायरल यानी तेजी से लोकप्रिय क्यों हो जाता है और इसके पीछे कौन-सी प्रक्रियाएँ काम करती हैं। यह अध्याय बताता है कि किसी भी विषय पर कितना भी बेतुका क्यों न सोच लें, डिजिटल दुनिया में उसके समर्थक आम तौर पर मिल जाएँगे। लेकिन किसी कंटेंट को वायरल करने के लिए अक्सर एक क्रिटिकल मॉस जुटाने की जरूरत होती है जिसके लिए राजनैतिक दल, अराजनैतिक संगठन और कम्पनियाँ कई तरह की रणनीति पर काम करती हैं।

आठवाँ अध्याय सोशल मीडिया युग में रिश्तों के बनने और बिगड़ने के बारे में है। अब मोबाइल फोन, डेटिंग ऐप सोशल नेटवर्क और व्हाट्सऐप जैसे चैटिंग नेटवर्क का न सिर्फ सार्वजनिक बल्कि निजी जीवन में प्रवेश हो चुका है, बल्कि उनमें सम्बन्धों को बनाने और बिगाड़ने की ताकत आ गई है। यह अध्याय बताता है कि किस तरह हम सब सोशल मीडिया में जो कुछ करते हैं उसके डिजिटल फिंगर प्रिंट और फुट प्रिंट पीछे छूट जाते हैं और उनके आधार पर रिश्ते किस तरह प्रभावित हो रहे हैं। यह अध्याय बताता है कि सोशल मीडिया युग में रिश्तों को कैसे चलाएँ, पार्टनर को क्या बताएँ और क्या न बताएँ।

नौवाँ अध्याय सोशल मीडिया में *थर्ड पर्सन इफेक्ट* के बारे में है। यह थ्योरी बताती है कि किस तरह लोग यह मानते हैं कि जो बुरी बातें या बुरे विचार हैं, वो दूसरे लोगों को तो प्रभावित करते हैं लेकिन वे इसके असर से बचे रहेंगे। इस अध्याय में बताया गया है कि सोशल मीडिया में किस तरह यूजर यह सोच सकता है कि किसी खास और

कई सारे विषयों के बारे में उसकी समझ बाकी लोगों से बेहतर है।

दसवाँ अध्याय बताता है कि सोशल मीडिया ने संवाद को दोतरफा या बहुआयामी बना दिया है। इस मायने में सोशल मीडिया का चरित्र अपेक्षाकृत लोकतांत्रिक जान पड़ता है जो एक हद तक है भी। लेकिन सोशल मीडिया ने लोकतंत्र में संचार सम्बन्धी समस्याओं को नया आयाम दे दिया है। पेड न्यूज और फेक न्यूज जैसी समस्याएँ लोकतंत्र के लिए खतरे के रूप में उभरी हैं। इस अध्याय में इन समस्याओं का आकलन किया गया है और खासकर इस बारे में चर्चा की गई है कि फेक न्यूज या मिसइनफॉर्मेशन किस तरह से लोकतंत्र के लिए खतरा बन सकता है।

ग्यारहवें अध्याय में बताया गया है कि भारत के बड़े हिस्सों में मोबाइल और इंटरनेट तक महिलाओं की पहुँच नहीं है और कुछ जगहों पर तो इसे लेकर सामाजिक पाबन्दी तक है। अभी भी ज्यादातर स्मार्ट फोन यूजर पुरुष ही हैं। इसके बावजूद करोड़ों महिलाओं के हाथ में पहली बार इंटरनेट पहुँचा है और इसका वे कई तरह से इस्तेमाल कर रही हैं।

बारहवें अध्याय में मीडिया के समाजशास्त्र से जुड़ी एक महत्त्वपूर्ण बहस को उठाया गया है। मुख्यधारा के मीडिया में तो हमेशा सवर्ण जातियों का वर्चस्व रहा है और वंचित समाज के स्वर वहाँ कम ही सुनाई देते हैं। सोशल मीडिया के आगमन से वंचित समूहों को अचानक स्वर मिल गया। वे सवाल जो मुख्यधारा के अखबारों और चैनलों में नहीं उठाए जा रहे थे, उन्हें सोशल मीडिया में उठाया जाने लगा। लेकिन क्या सोशल मीडिया अपनी उम्मीदों पर खरा उतर पाया? कहीं ऐसा तो नहीं है कि जो सामाजिक शक्तियाँ मेनस्ट्रीम मीडिया में प्रभावशाली थीं, वही शक्तियाँ सोशल मीडिया में भी वर्चस्व की स्थिति में पहुँच गई हैं। इस अध्याय में इसी सवाल का जवाब ढूँढ़ने

की कोशिश की गई है।

तेरहवें अध्याय में यह बताया गया है कि सोशल मीडिया में हायरार्की यानी ऊँच-नीच का भेद किस तरह काम करता है और इससे लोकतांत्रिक विमर्श किस तरह असम्भव हो गया है। इस अध्याय में बताया गया है कि सोशल मीडिया हायरार्की यानी ऊँच-नीच को न सिर्फ पूरी तरह से बरतता है बल्कि समाज में मौजूद भेदभाव को मजबूत भी करता है।

चौदहवें अध्याय में यह बताया गया है कि सोशल मीडिया और इंटरनेट के कारण किस तरह से यादें स्थायी हो गई हैं। इस अध्याय में पहले यह बताया गया है कि भूलने का क्या महत्त्व है। भूल जाना कई बार अतीत की यादों से आजाद हो जाना भी है। लेकिन भूलना अब पहले के मुकाबले मुश्किल हो गया है। इस अध्याय में बताया गया है कि यह समस्या किस तरह खासकर बच्चों और विद्यार्थियों के लिए मुसीबत बन गई है।

पन्द्रहवें अध्याय में यह समझने की कोशिश की गई है कि सोशल मीडिया राजनीतिक संचार के क्षेत्र में किस तरह से काम कर रहा है। इसमें यह देखने की कोशिश की गई है कि भारत के नेता सोशल मीडिया की दुनिया में किस तरह के लोगों से घिरे हैं और किनके पोस्ट या ट्वीट पर उनकी नजर ज्यादा होती है। इस अध्याय को लिखने के क्रम में देश के दो प्रमुख नेताओं नरेन्द्र मोदी और राहुल गांधी के ट्विटर प्रोफाइल का अध्ययन किया गया है। यह पाया गया कि दोनों ही नेता ज्यादातर अपनी ही पार्टी और विचारधारा के लोगों को फॉलो करते हैं।

परिशिष्ट में दो अध्याय हैं। पहले में यह बताने की कोशिश की गई है कि सोशल मीडिया में असरदार बनने के लिए क्या करना चाहिए और क्या नहीं करना चाहिए। यह अध्याय एक यूजर गाइड

की तरह है। यह अध्याय इसलिए लिखा गया है क्योंकि तमाम कमियों और खामियों के बावजूद सोशल मीडिया का प्रभाव निर्विवाद है और काफी लोग ऐसे हैं जो सोशल मीडिया में असरदार बनना चाहते हैं। दूसरे में कुछ जरूरी किताबों की सूची दी गई है जो सोशल मीडिया के बारे में समझ बढ़ाने वाली है।

ये पुस्तक सोशल मीडिया के अध्येताओं के अलावा सोशल मीडिया के यूजर्स को भी ध्यान में रखकर लिखी गई है। सोशल मीडिया ने भारत में आकर किस तरह की शक्ल अख्तियार की है, और इसका समाज और राजनीति पर किस तरह का असर पड़ रहा है, इसे शुरुआती रूप में समझने की कोशिश यह किताब करती है। आशा है कि यह किताब सोशल मीडिया को लेकर भारत में चल रही बहस का हिस्सा बन पाएगी।

नई दिल्ली
जुलाई, 2021

दिलीप मंडल
गीता यादव

1

उम्मीदों से लेकर आशंकाओं और खतरों का सफर

सोशल मीडिया का शुरुआती सफर उम्मीदों भरा रहा। लेकिन उसे लेकर बनी शुरुआती मासूमियत अब दूर हो चुकी है। जो जानकार और विशेषज्ञ एक समय इसकी लोकतांत्रिक क्षमताओं को लेकर सोशल मीडिया पर फिदा थे, वे भी अब इसके या तो आलोचक हो चुके हैं या फिर सन्तुलित नजरिया अपना चुके हैं। सोशल मीडिया का दायरा जैसे-जैसे बढ़ रहा है, और यह समाज की अलग-अलग प्रक्रियाओं के साथ जैसे-जैसे टकरा रहा है, वैसे-वैसे इसके अलग-अलग पहलू सामने आ रहे हैं। इन अन्तर्क्रियाओं के साथ ही सोशल मीडिया अपने असली तेवर में नजर आ रहा है जो न पूरी तरह सकारात्मक है और न ही पूरी तरह नकारात्मक। हालाँकि अब उसकी नकारात्मकता की चर्चा कुछ ज्यादा ही हो रही है।

ऐसा खासकर 2016 के अमेरिकी राष्ट्रपति चुनाव में संगठित तरीके से सोशल मीडिया पर फैलाए गए डिसइनफॉर्मेशन और उनके जरिए जनमत को बदलने की कोशिशों के बाद हुआ है। उस दौरान यह देखा गया कि चुनाव के दौरान कुछ 'खबरें' अचानक सोशल मीडिया में वायरल होने लगीं और देखते ही देखते उन्हें शेयर करनेवालों की संख्या लाखों और करोड़ों में पहुँच गई। इन साइट के नाम से ऐसा लगता था मानो वे

अमेरिकी वेबसाइट हैं—USADailyPolitics.com, Trumpvision365.com, USConservativeToday.com, DonaldTrumpNews.com। इन साइट्स के बारे में पड़ताल करने पर यह पता चला कि इन्हें यूरोप के मेसेडोनिया जैसे देशों से चलाया जा रहा है। कच्ची उम्र के युवा इन साइट्स के लिए न तो कोई रिपोर्टिंग कर रहे थे और न ही किसी महत्त्वपूर्ण व्यक्ति से लेख लिखवा रहे थे। वे दरअसल अमेरिका में रिपब्लिकन पार्टी के समर्थन में फर्जी खबर चलानेवाली साइट्स से लेख उठाकर अपनी साइट पर लगा रहे थे और फिर उन्हें विभिन्न सोशल मीडिया साइट पर लगाकर उन्हें वायरल करने की कोशिश कर रहे थे। उन्हें कामयाबी भी मिल रही थी, क्योंकि अमेरिका में ट्रम्प समर्थक ऐसी खबरों को पढ़कर और शेयर करके खुश हो रहे थे। माना जाता है कि उन युवाओं ने यह सब सिर्फ पैसा कमाने के लिए किया क्योंकि इन साइट्स में धुआँधार ट्रैफिक आ रहा था और इस वजह से वहाँ लगे विज्ञापनों को भी देखा जा रहा था। अमेरिका के राष्ट्रपति चुनाव में सोशल मीडिया और मिस इनफॉर्मेशन ने कितनी भूमिका निभाई इसका मात्रात्मक यानी क्वांटिटेटिव आकलन मुमकिन नहीं है, क्योंकि सोशल मीडिया ही नहीं, किसी भी मीडिया का चुनावों पर कितना प्रतिशत असर पड़ता है, इसे मापने का कोई तरीका नहीं बन पाया है, लेकिन यह बात निर्विवाद है कि मीडिया कंटेंट का लोगों के सोचने और यहाँ तक कि वोटिंग व्यवहार पर फर्क पड़ता है। इस वजह से अमेरिका ही नहीं, दुनिया के ज्यादातर देश अब इस बारे में चर्चा कर रहे हैं कि क्या सोशल और डिजिटल मीडिया के बढ़ते प्रभाव के बीच मतदाता स्वतंत्र तरीके से अपनी राय बना पा रहा है? कहीं ऐसा तो नहीं कि इस वजह से उसके सोचने के तरीके पर फर्क पड़ रहा है और अगर ऐसा है तो यह लोकतंत्र के लिए शुभ नहीं है।

सोशल मीडिया की छवि में आया क्रमिक बदलाव एक वैश्विक परिघटना है। जिस सोशल मीडिया की अरब क्रान्ति और म्यांमार में

लोकतंत्र स्थापना आन्दोलन के कारण सकारात्मक चर्चाएँ हुआ करती थीं, उसे लेकर अब ज्यादातर चर्चाएँ मिस इनफॉर्मेशन, फेक न्यूज, डाटा चोरी, कंज्यूमर प्रोफाइलिंग और मॉब लिंचिंग की वजह से होती हैं।

इस मामले में सोशल मीडिया के लिए समय का चक्र घूम गया है। बीजेपी के अध्यक्ष अमित शाह ने 10 सितम्बर, 2017 को अहमदाबाद में युवाओं का टाउनहॉल कार्यक्रम करते हुए कहा—"मैं युवाओं से अपील करता हूँ कि वे व्हाट्सऐप और फेसबुक पर चलाए जा रहे भाजपा विरोधी अभियान के असर में न आएँ। कोई भी फैसला करने से पहले देखें कि बीजेपी के आने से पहले गुजरात कैसा था और अब गुजरात कैसा है।" अमित शाह युवाओं को सलाह देते हैं कि व्हाट्सऐप की बातों पर भरोसा न करें।

सोशल मीडिया पर भरोसा न करने की यह बात उस पार्टी के राष्ट्रीय अध्यक्ष कह रहे हैं, जिस पार्टी ने 2014 के लोकसभा चुनाव में सोशल मीडिया का सबसे बेहतरीन इस्तेमाल किया था और मॉस कम्युनिकेशन और मार्केटिंग के विद्यार्थी जिसे एक केस स्टडी के तौर पर पढ़ सकते हैं। प्रधानमंत्री नरेन्द्र मोदी भारत में सोशल मीडिया के सबसे बड़े स्टार हैं और दुनिया में भी कम ही लोग उनकी बराबरी में हैं। बीजेपी का सबसे भरा-पूरा सोशल मीडिया तंत्र है और उसे थोड़ी-बहुत टक्कर अगर किसी ने देने की कोशिश की है तो वह आम आदमी पार्टी या असदुद्दीन ओवैसी की एमआईएम है। कांग्रेस ने बेशक अपनी सोशल मीडिया मशीनरी को दुरुस्त किया है और अमित शाह की सोशल मीडिया को लेकर चिन्ता शायद उसी वजह से है कि इस स्पेस में अब नए खिलाड़ी आ गए हैं और बीजेपी का एकच्छत्र राज यहाँ टूट रहा है।

बीजेपी के नेतृत्व वाली एनडीए सरकार लगातार सोशल मीडिया पर निगरानी बढ़ा रही है और सोशल मीडिया प्लेटफॉर्म कम्पनियों

को भी कंटेंट को नियंत्रित करने के लिए कह रही है। इस सम्बन्ध में सोशल मीडिया कम्पनियों के संचालकों के साथ सरकारी अधिकारियों की नियमित बातचीत भी जारी है। सरकार सोशल मीडिया कंटेंट को रेगुलेट करना चाहती है और उस पर अपनी निगरानी बढ़ाना चाहती है। यह निगरानी सिर्फ आतंकवादियों या उपद्रवियों के सन्दर्भ में नहीं है। बल्कि सत्ता के विरोधियों पर भी सरकार नजर रखना चाहती है। भारत के अधिकारी सोशल मीडिया और खासकर व्हाट्सऐप जैसे मैसेंजर ऐप के संचालकों से डाटा लोकलाइजेशन के लिए कह रहे हैं और यह कहना अब दबाव की शक्ल ले रहा है।

बात सिर्फ बीजेपी की नहीं है। राहुल गांधी ने 2017 में राजनीतिक कार्यकर्ताओं और पत्रकारों के साथ बातचीत में कहा था कि मेरी छवि खराब करने के लिए बीजेपी ने सोशल मीडिया पर सैकड़ों करोड़ रुपए खर्च किए हैं। राहुल गांधी बेशक अतिशयोक्ति कर रहे हैं। यह शायद पूरा सच नहीं है कि किसी की छवि सिर्फ सोशल मीडिया से बन या बिगड़ सकती है। लेकिन छवि बनाने की प्रक्रिया में सोशल मीडिया की भूमिका से अब कोई इनकार भी नहीं कर रहा है। कांग्रेस का भी अपना आईटी डिपार्टमेंट है।

सोशल मीडिया से सबसे ज्यादा लाभान्वित और सोशल मीडिया में सबसे ज्यादा दखल रखनेवाले दो लोगों—अमित शाह और राहुल गांधी—की यह बातें क्या किसी मीडिया ट्रेंड की ओर इशारा कर रही हैं? 2020 की गर्मियों में फेसबुक द्वारा बीजेपी के एक नेता के साम्प्रदायिक रूप से आक्रामक पोस्ट को न हटाए जाने के विवाद के बाद इस आरोप को बल मिला है कि सोशल मीडिया प्लेटफॉर्म निष्पक्ष रूप से हर किसी को समान दर्जे पर नहीं रखते, बल्कि सरकारी पक्ष इन प्लेटफॉर्म पर ज्यादा लाभदायक स्थिति में होता है।

3 नवम्बर, 2017 को एक ट्विटर इम्प्लाई ने अपनी नौकरी के

आखिरी दिन, अमेरिकी राष्ट्रपति डोनाल्ड ट्रम्प का ट्विटर हैंडल डिलीट करके यह भी बता दिया है कि सोशल मीडिया पर आँख मूँदकर भरोसा करना कितना खतरनाक हो सकता है। एकाउंट डिएक्टिवेट करने की जगह कोई कर्मचारी चाहे तो कोई ऐसी बात भी पोस्ट कर सकता है, जिसके खतरनाक नतीजे हों। ऐसी किसी बात से युद्ध छिड़ सकता है, शेयर मार्केट गिर सकता है, भगदड़ मच सकती है। सिद्धान्त रूप में यह बिलकुल मुमकिन है कि ऐसा हो। भारत जैसे देश में तो कोई इस तरह चाहे तो दंगा करवा दे! ट्रम्प का एकाउंट पूरे 11 मिनट तक गायब रहने के बाद फिर से नजर आने लगा। हालाँकि बाद में यह कहा गया कि ट्रम्प का एकाउंट गलती से डिलीट हो गया था। लेकिन इस एक घटना से यह पता चल गया कि सोशल मीडिया में सुरक्षा या प्राइवेसी एक तुलनात्मक स्थिति है। पूरी तरह सुरक्षित या प्राइवेसी बरतना एक आदर्श लेकिन काल्पनिक स्थिति है।

अभी तक सोशल मीडिया की विश्वसनीयता को तीन बड़े खतरे थे।

पहला खतरा वे हैकर्स हैं जो किसी के अकाउंट में घुस जाते हैं और अपनी बातें पोस्ट कर देते हैं या किसी की पोस्ट डिलीट कर देते हैं। इस तरह अराजकता फैलने से लेकर किसी की विश्वसनीयता को पूरी न होनेवाली क्षति जैसी चीजें हो सकती हैं। हैकर्स इंटरनेट के लिए हमेशा से खतरा रहे हैं और सोशल मीडिया का दायरा और असर बढ़ने के साथ इनका खौफ भी बढ़ता जा रहा है।

सोशल मीडिया को दूसरा खतरा ट्रोल्स से है जो कम हो सकते हैं, लेकिन संगठित होने के कारण खास तरह की बातों और विचारों को दबा सकते हैं और दूसरी तरह की बातों और विचारों को प्रसारित कर सकते हैं। यह वास्तविक पब्लिक ओपिनियन को प्रभावित करने का टूल है, लोगों की आवाज बन्द करने का उपकरण है। इनकी वजह से कई यूजर सोशल मीडिया छोड़कर चले जाते हैं और या अपनी

आवाज उठाना बन्द कर देते हैं।

सोशल मीडिया की विश्वसनीयता को तीसरा बड़ा खतरा किसी भी देश की सरकार और खुद सोशल मीडिया कम्पनियों से है, क्योंकि सरकारों के कहने पर सोशल मीडिया कम्पनियाँ लगातार कंटेंट को हटाती है और एकाउंट भी सस्पेंड करती है। सरकार कई बार इस काम को न्यायपालिका के आदेश के बाद करती है। लेकिन अक्सर यह काम मनमाने तरीके से होता है। गूगल ट्रांसपेरेंसी रिपोर्ट के हर साल के आँकड़े बता रहे हैं कि इंटरनेट पर सामग्री को लेकर सरकारों की असहिष्णुता लगातार बढ़ रही है। भारत उन देशों में है, जहाँ से इंटरनेट से सामग्री हटाने का सबसे ज्यादा 'रिक्वेस्ट' मीडिया कम्पनियों से किया जाता है। यह रिक्वेस्ट अक्सर मान लिये जाते हैं।

इन तीन चुनौतियों के अलावा, सोशल मीडिया के अपने कर्मचारी, सोशल मीडिया के लिए एक अप्रत्याशित चुनौती के तौर पर सामने आ गए हैं। अगर सोशल मीडिया कम्पनी का एक कर्मचारी अमेरिकी राष्ट्रपति के ट्विटर हैंडल को डिलीट कर सकता है तो इसका मतलब है कि ऐसे कर्मचारी किसी हैंडल या प्रोफाइल की पहुँच यानी रीच को घटा या बढ़ा सकते हैं। किसी को हिट या फ्लॉप बना सकते हैं। किसी एकाउंट को सस्पेंड कर सकते हैं और जिसका एकाउंट सस्पेंड हुआ है, वह अगर अमेरिका का राष्ट्रपति जैसा कोई नहीं हुआ, तो मुमकिन है कि वह एकाउंट फिर कभी बहाल न हो। यानी कहने को तो सोशल मीडिया में बहुत कुछ मशीन तय करती है और एल्गोरिदम का बहुत ज्यादा महत्त्व है। लेकिन वहाँ मनुष्य के हस्तक्षेप की सम्भावना या आशंका को पूरी तरह से खारिज नहीं किया

> कोई प्रभावशाली विचार अगर कमजोर विचार को सोशल मीडिया पर कुचलता है तो कमजोर विचार वालों का सोशल मीडिया से विश्वास टूटता है।

जा सकता। जहाँ मनुष्य का हस्तक्षेप होगा, वह माध्यम राग-द्वेष, जाति, धर्म और नस्ल आदि की पहचान और उससे जुड़े दृष्टिकोण से पूरी तरह मुक्त कैसे हो सकता है?

भारत जैसे देश के लिए इसका मतलब यह है कि सोशल मीडिया दफ्तरों में काम करनेवालों की विचारधारा या धार्मिक या सामाजिक पृष्ठभूमि भी सोशल मीडिया कंटेंट को प्रभावित करेगी। प्रभावशाली विचारधारा और उसके हितों के खिलाफ जो कंटेंट होगा या जो लिखने, बोलनेवाले सोशल मीडिया पर होंगे, उनकी बातों को सेंसर किया जा सकता है या उनकी पोस्ट की पहुँच कम की जा सकती है। यह सब किसी कर्मचारी या सोशल मीडिया कम्पनी की मर्जी से होगा और हो सकता है कि किसी को कानोकान खबर भी न हो।

सोशल मीडिया की विश्वसनीयता को लेकर खुद सोशल मीडिया कम्पनियाँ बेहद चिन्तित हैं। फेसबुक ने इस बात का इरादा जताया था कि वह फर्जी खबरों को कंट्रोल करेगा। लेकिन यह काम कैसे होगा और इसका कामयाब मॉडल क्या होगा, यह फिलहाल स्पष्ट नहीं है। व्हाट्सऐप पर अफवाहों को फैलने से रोकने के लिए जनजागरण से लेकर फॉरवर्ड मैसेज को लिमिट करने जैसे कुछ उपाय किए गए हैं। ट्विटर भी लगातार शिकायतों की निगरानी करता है और कई आपत्तिजनक कंटेंट हटाए भी जाते हैं।

वैसे भी सोशल मीडिया की विश्वसनीयता को सिर्फ फर्जी खबरों और 'गलत लोगों' से खतरा नहीं है। मिसाल के तौर पर, कई सरकारें अपनी फर्जी उपलब्धियों को सोशल मीडिया पर बूस्ट करके एक वर्चुअल इमेज खड़ा कर सकती है, जिसका रिएलिटी से कोई सम्बन्ध न हो। इस तरह के अभियानों से भी सोशल मीडिया की विश्वसनीयता को खतरा है। कोई प्रभावशाली विचार अगर कमजोर विचार को सोशल मीडिया पर कुचलता है तो कमजोर विचार वालों का सोशल मीडिया

से विश्वास टूटता है। यह मानने का कोई आधार नहीं है कि मजबूत विचार के पास सत्य या न्याय का एकाधिकार है। हो सकता है कि कोई विचार कमजोर हो, लेकिन सत्य तक उसकी पहुँच ज्यादा हो।

ऐसी ही जटिलताओं में सोशल मीडिया को काम करना है।

ये जटिलताएँ इस कदर प्रभावी हो रही हैं कि भारत में आज स्थिति यह है कि किसी भी शहर या कस्बे या इलाके में उत्पात या हंगामा बढ़ता है तो पुलिस पहले कदम के तौर पर इंटरनेट और ब्रॉडबैंड को बन्द करा देती है, ताकि अफवाहें न फैलें और हिंसा फैल न जाए। जम्मू-कश्मीर में 2019-20 में 200 दिन तक इंटरनेट शटडाउन रहा। 2014 से 2019 के बीच भारत में अधिकारियों ने 350 बार से ज्यादा इंटरनेट शटडाउन किया। 2019 में इंटरनेट शटडाउन की कम से कम 95 घटनाएँ हुईं।

सोशल मीडिया और इंटरनेट के लिए इससे बुरी बात क्या हो सकती है कि जिस मीडिया का जन्म सूचनाओं के आदान-प्रदान और आपसी संवाद के लिए हुआ, आज वह बम की तरह बन गया है जो कहीं भी फट पड़ता है। तमाम तरह की भावनाएँ, आहत होने के लिए सोशल मीडिया पर तैयार बैठी हैं। एक ट्विट या फेसबुक पोस्ट पर आम लोग ही नहीं, सरकारें भी तिलमिला उठती हैं। सोशल मीडिया पोस्ट की वजह से लोगों पर हमले हो रहे हैं। सरकारी एजेंसियों द्वारा गिरफ्तारियाँ हो रही हैं। लोगों को डराया-धमकाया जा रहा है।

दरअसल सोशल मीडिया और उसका असर बहुत व्यापक हो चुका है। भारत जैसे पिछड़े मुल्क में भी, हर पाँचवाँ आदमी इससे किसी न किसी तरह से जुड़ा है। यह आँकड़ा बढ़ने ही वाला है। भारत के ज्ञात इतिहास में इतने लोगों ने इतने लोगों से कभी बात नहीं की थी। अब वे लगातार बात कर रहे हैं, फोटो और वीडियो शेयर कर रहे हैं। चुटकुले सुना रहे हैं। भक्ति फैला रहे हैं। नास्तिकता का प्रचार कर रहे हैं। रेसिपी शेयर कर रहे हैं। जुआ खेल रहे हैं। पोर्न बाँट रहे हैं।

सरकारें बना और बिगाड़ रहे हैं। राजनीति कर रहे हैं। मंडी के रेट पूछ रहे हैं। लोगों के साथ ऑनलाइन फ्रॉड कर रहे हैं। झूठ फैला रहे हैं, सच बोल रहे हैं। कुछ भी कर रहे हैं। लेकिन इसके साथ-साथ सोशल मीडिया की विश्वसनीयता को पलीता भी लगा रहे हैं।

ऐसे में क्या यह कहा जा सकता है कि सोशल मीडिया के अच्छे दिनों का अन्त हो रहा है। यह कहना जल्दबाजी होगी। लेकिन एक बात पक्के तौर पर कही जा सकती है। सोशल मीडिया की मासूमियत खत्म हो चुकी है। वह अब खुरदुरी जमीन पर आ चुका है। किसी बड़े होते बच्चे की तरह, बचपन में मिलनेवाले प्रिविलेज अब उसे हासिल नहीं होंगे। अगर वह परेशान करेगा, तो उसे सजा मिलेगी। यह सजा सरकारें भी दे सकती हैं और यूजर यानी समाज भी।

कुल मिलाकर सोशल मीडिया को लेकर शुरुआती दौर में बना उत्साह थोड़े समय में गायब हो गया क्योंकि समाज में जो शक्तिशाली और प्रभुत्वशाली शक्तियाँ और विचार थे, वे सोशल मीडिया में भी हावी हो गए। प्रकारान्तर में उग्रराष्ट्रवादी और साम्प्रदायिक शक्तियों ने सोशल मीडिया का सबसे ज्यादा इस्तेमाल किया। जो प्रगतिशील विचार और कमजोर समाजों के लोग परम्परागत मीडिया में हाशिए पर थे, वे सोशल मीडिया में भी हाशिए पर ही रह गए। इस मायने में सोशल मीडिया भी आखिरकार समाज का दर्पण ही साबित हुआ।

2

अनसोशल है यह नेटवर्क

फेसबुक, ट्विटर, इंस्टाग्राम, लिंक्डइन, गूगल प्लस और तमाम तरह के सोशल नेटवर्क आपके सामने दुनिया की कई खिड़कियाँ खोलते हैं। आप वहाँ पुराने-नए दोस्तों से मिलते हैं, डेटिंग पार्टनर ढूँढ़ते हैं, कारोबारी दायरा बढ़ाते हैं, नई सूचनाएँ पाते हैं। सिद्धान्त रूप में यह सच है कि सोशल मीडिया पर आप करोड़ों लोगों से मिल सकते हैं और उन तक अपनी बात पहुँचा सकते हैं। इसमें न जाति-धर्म की सीमा है और न ही भूगोल या नागरिकता का बंधन।

2019 के अगस्त महीने की 30 तारीख को टाइम्स नाउ वेबसाइट पर यह खबर आई कि अमेरिका की लड़की एमिनी ने अमृतसर के लड़के पवन से भारत आकर शादी रचा ली। पवन और एमिनी की मुलाकात लगभग सात महीने पहले फेसबुक पर हुई थी और मैसेंजर पर दोनों की बात शुरू हुई। बाद में दोनों ने अपने मोबाइल नम्बर शेयर किए और फिर शादी करने का फैसला कर लिया। दोनों की आर्थिक स्थिति में काफी फर्क है। पवन स्कूटर मैकेनिक का काम करते हैं, जबकि एमिनी टीचिंग से जुड़ी हैं। फेसबुक या सोशल मीडिया के न होने की स्थिति में यह शादी शायद ही हो पाती।

लेकिन ठहरिए! ऐसी कहानियाँ तो मीडिया में हर दूसरे-तीसरे महीने आ जाती हैं, जिससे किसी को ऐसा लग सकता है कि सोशल

मीडिया पर कोई भी किसी से भी मिल सकता है। लेकिन मीडिया में ऐसी घटनाओं को लेकर होनेवाली चर्चाएँ बताती हैं कि ऐसी घटनाएँ कभी-कभार ही होती हैं। जब यह घटनाएँ आम फहम हो जाएँगी, तो इन्हें लेकर खबरें नहीं बनेंगी।

सवाल उठता है कि क्या सोशल मीडिया ने सचमुच आपका दायरा बढ़ाया है? जो नए लोग आपको यहाँ मिले हैं, क्या वे आपकी ही तरह के लोग नहीं हैं?

सोशल मीडिया दरअसल आपकी निजी जिन्दगी का अक्स यानी मिरर इमेज है। खुद को किसी शहरी प्रोफेशनल की तरह देखें तो हो सकता है कि आपकी कहानी कुछ ऐसी हो। आप एक आईटी कम्पनी में काम करते हैं। आपकी गर्ल फ्रेंड या ब्वॉय फ्रेंड या तो उसी कम्पनी में है या उसी सेक्टर में। आप दोनों ने एक जैसी पढ़ाई की है तो कॉलेज में भी आपके एक जैसे दोस्त हैं। आप आईटी प्रोफेशनल्स की हाउसिंग सोसायटी में रहते हैं। अपने ही पेशे के लोगों के साथ पार्टी करते हैं। जब बीमार होते हैं तो आपकी कम्पनी के ही लोग आपकी मदद के लिए आते हैं। आपका पूरा जीवन अपने जैसों से जुड़ा हुआ है। आप इसी दायरे में इंटरेक्ट करके कंफर्टेबल महसूस करते हैं।

कई लोगों की जिन्दगी सचमुच ऐसी या मिलती-जुलती है। लेकिन क्या ऐसी जिन्दगी को सामाजिक या सोशल जिन्दगी कहा जा सकता है? इसी तरह अगर सोशल मीडिया भी आपको अगर अपने ही जैसे लोगों के बीच रखता है तो उसे सोशल नहीं, अनसोशल नेटवर्क कहा जाएगा। यह बात अब निर्विवाद रूप से साबित हो चुकी है कि सोशल मीडिया कहने को तो आपको दुनिया के किसी भी सोशल मीडिया यूजर से मिला सकता है लेकिन वास्तविकता में फेसबुक, ट्विटर, इंस्टाग्राम, लिंक्डइन या व्हाट्सऐप जैसी जगहों पर लोग लगभग हर समय अपने ही जैसे कुछ लोगों के बीच घिरे रहते हैं।

सोशल मीडिया का जन्म ही एक जैसे और समान अभिरुचि वाले लोगों को साथ लाने और उनके बीच संवाद कराने के लिए हुआ है। फेसबुक के संस्थापक मार्क जुकरबर्ग को फेसबुक बनाने का आइडिया ही इसलिए आया क्योंकि उन्होंने पाया कि हार्वर्ड नेटवर्क पर जब छात्रों ने अपनी जानकारियाँ शेयर कीं तो उन्हें लेकर कैम्पस में जबर्दस्त चर्चाएँ शुरू हो गईं। यह चर्चा इसलिए हो रही थी क्योंकि हार्वर्ड नेटवर्क में वही लोग जुड़े थे, जिनकी निजी जिन्दगी में भी एक-दूसरे में दिलचस्पी थी। ऐसे लोग एक-दूसरे के बारे में जानने और इस तरह मिली जानकारियों को एक-दूसरे के साथ बाँटने में रुचि लेते हैं।

किसी सोशल नेटवर्क प्लेटफॉर्म की सफलता का सूत्र उसकी इस संरचना में है कि वह यूजर को उसके जैसे या उसकी तरह सोचनेवाले कितने लोगों से मिलाता है। जैसे ही कोई व्यक्ति किसी सोशल मीडिया में अपना अकाउंट खोलता है तो सम्भावित दोस्तों की एक सूची सामने आती है जो नया अकाउंट खोलनेवाले व्यक्ति की दी हुई जानकारियों पर आधारित होती है। मिसाल के तौर पर अगर किसी नए यूजर ने अपना देश नेपाल बताया है तो उसके फ्रेंड सजेशन में ज्यादातर लोग नेपाल के होंगे और जमैका या बेलारूस के लोग सजेशन में शायद ही हों।

इनमें से जैसे ही आप अपने नए दोस्त चुनते हैं, उसके बाद सोशल मीडिया प्लेटफॉर्म का काम और आसान हो जाता है। वह दोस्तों के दोस्तों को सजेशन में दिखाने लगता है। इसके अलावा आपके फ्रेंड और उनके फ्रेंड जिन चीजों को पोस्ट, लाइक या शेयर करते हैं, वे पोस्ट आपको नजर आने लगते हैं। इसके बाद आप जिन पोस्ट को लाइक या शेयर करते हैं, उस तरह की पोस्ट आपकी टाइमलाइन पर नजर आने लगती है। आपकी लिखी पोस्ट को शेयर और लाइक करनेवालों की पोस्ट भी टाइमलाइन पर

प्रमुखता से नजर आने लगती है। चन्द दिनों या घंटों में ही सोशल मीडिया आपको पहचान लेता है कि आप किस तरह के व्यक्ति हैं, आपकी दिलचस्पी किन बातों में है, आप किस तरह के लोगों से संवाद करना पसन्द करते हैं, और आपको कौन-सी बातें और किस तरह के लोग पसन्द नहीं हैं।

इस डाटा के आधार पर आपकी एक छवि सोशल मीडिया अपने लिए बना लेता है और उसके हिसाब से आपको सोशल मीडिया में चीजें दिखने लगती हैं। यह सारा खेल एल्गोरिदम का है। बिग डाटा एनालिसिस की सुविधा के कारण सोशल मीडिया के लिए अब किसी यूजर के बारे में जानना काफी आसान हो चुका है। यूजर जब भी सोशल मीडिया का इस्तेमाल करता है, तब अपने व्यवहार से डाटा तैयार करता जाता है। आप सोशल मीडिया पर ज्यादा समय बिताएँ और इंटरेक्टिव हों, इसके लिए ऐसा होना जरूरी है। आखिर हम सभी अपनों से ही तो तारीफ पाना चाहते हैं और जिनको या जिनके बारे में हम जानते ही नहीं हैं, उनकी शायद हम आलोचना करना भी पसन्द न करें। इसलिए जब हम सोशल मीडिया में अपनी कोई तस्वीर लगाते हैं तो उम्मीद करते हैं कि अपने जैसे लोग और परिचित उसे लाइक करें।

सोशल नेटवर्क अगर आपको ऐसे लोगों से जोड़ दे, जिनसे आपका प्रोफेशनल, वैचारिक या रुचि का कोई मेल नहीं है, या अपने ही देश के ऐसे लोगों के साथ जोड़ दे जिनसे आप कोई रिश्ता या कनेक्ट महसूस न करें, तो आप उनके साथ इंटरेक्ट क्यों करेंगे? आप पूछेंगे कि इसमें बुराई क्या है? हम अपने जैसों से नहीं तो क्या एलियन से या अर्जेंटीना या एस्टोनिया के लोगों से दोस्ती करेंगे, या फिर अगर मैं डॉक्टर हूँ और प्लम्बिंग में मेरी कोई रुचि नहीं है तो प्लम्बिंग के बाजार में आए किसी नए उपकरण के बारे में मुझे क्यों जानना चाहिए?

ऐसी किस चीज के बारे में सोशल मीडिया में क्यों जानना चाहिए?

जिन देशों में सभी लोग समान सामाजिक नस्लीय धार्मिक पृष्ठभूमि के हों, वहाँ यह कहा जा सकता है कि एक ही प्रोफेशन या शैक्षणिक पृष्ठभूमि या विचारों के लोग सोशल मीडिया में संवाद करें तो उसमें खास बुराई नहीं है। हालाँकि वहाँ भी यह कोई अच्छी बात नहीं है। लेकिन भारत जैसे सामाजिक-धार्मिक-वैचारिक विविधता वाले मुल्क में, जहाँ पहले से ही तमाम तरह की खेमेबन्दियाँ बहुत सख्त हैं, वहाँ अगर सोशल मीडिया लोगों को खेमे में बाँट रहा है और अपने से अन्य किस्म या विचारों के लोगों के सम्पर्क में आने नहीं दे रहा है तो यह निस्सन्देह बड़ी बुराई है। समस्या यह है कि अगर आप अलग सोचनेवालों को, अलग जातियों और धर्मों के लोगों को खुद से दूर कर देंगे या सोशल मीडिया अगर आपको विविध पहचान वालों से नहीं मिलाएगा, तो आपका पहले से संकुचित दायरा और सिकुड़ जाएगा।

अगर आप समाजवादी, दक्षिणपंथी या कट्टर धार्मिक हैं और सोशल मीडिया ने आपको अपने जैसों के एक गिरोह के साथ खड़ा कर दिया, तो आपके विचारों में सुधार, विकास या संशोधन आदि की सम्भावनाएँ कम हो जाएँगी। ज्ञान की दृष्टि से भी देखें तो सिर्फ एक क्षेत्र के ज्ञान में खुद को सीमित रखना, आपकी लिमिटेशन बढ़ा सकता है। सोशल मीडिया में आपके सामने विचारों की अन्य खिड़कियाँ खुल ही नहीं रही हैं। इस वजह से ऐसा हो सकता है कि आपको लगे कि आप जैसा सोच रहे हैं, वही एकमात्र विचार है या यही सही विचार है, क्योंकि सोशल मीडिया में आपके आसपास जुटे सभी लोग ऐसा ही सोच रहे होंगे। आपके ज्ञान या सोच को कहीं से कोई चैलेंज नहीं आ रहा है तो आप खुश हो सकते हैं कि आप कितने सही हैं, लेकिन आपको दुखी होना चाहिए कि आपके लिए विचार के क्षेत्र में आगे बढ़ने और विकसित होने की चुनौतियाँ नहीं हैं। आपको चिन्तित होना

चाहिए कि आपके विचारों को कोई चुनौती नहीं मिल रही है।

सोशल मीडिया आपको ऐसे लोगों से इंटरेक्ट न करने की भी सुविधा देता है, जिन्हें आप नापसन्द करते हैं। ब्लॉक या अनफ्रेंड करने की सुविधा आपके संवाद के दायरे को लगातार सीमित कर सकती है। अब ऐसे लोगों की संख्या बढ़ रही है, जिनके लिए समाचारों का पहला स्त्रोत सोशल मीडिया है। अमेरिका जैसे देशों में यह हो चुका है कि लोग ज्यादातर खबरों के बारे में सोशल मीडिया से जान रहे हैं। ऐसे में आप उन खबरों से घिर सकते हैं, जिन्हें आपके सोशल नेटवर्क के लोगों ने पसन्द किया है। इस तरह बाकी खबरों से आपका सम्पर्क कट सकता है। अगर आपके फ्रेंड और उनके फ्रेंड की दिलचस्पी किसी खास तरह के समाचारों में नहीं है और आपने भी कभी उस तरह के समाचारों को लाइक या शेयर नहीं किया है तो उस क्षेत्र की बड़ी से बड़ी खबर हो सकता है कि आपको छुए बिना निकल जाए।

इंटरनेट सर्च इंजन या सोशल मीडिया का एल्गोरिदम आपको आपके जैसे लोगों से क्यों जोड़ता है? ऐसा करने के पीछे इन कम्पनियों के कई मकसद हो सकते हैं। जैसे, एक जैसे लोगों को एक साथ जोड़ने से टारगेटेड कैंपेनिंग के लिए ऑडियंस मिल जाते हैं जो विज्ञापनदाताओं की माँग हो सकती है। मिसाल के तौर पर, एक विज्ञापनदाता के तौर पर मैं सिगरेट कम्पनी का एक सेरोगेट एडवरटाइजिंग उन ऑडियंस को नहीं देना चाहूँगा, जिनके बारे में मेरी यह राय होगी कि वे सिगरेट नहीं पीते। मैं अपने विज्ञापन से ज्यादा से ज्यादा तरह के फायदे उठाने की

> आपके ज्ञान या सोच को कहीं से कोई चैलेंज नहीं आ रहा है तो आप खुश हो सकते हैं कि आप कितने सही हैं, लेकिन आपको दुखी होना चाहिए कि आपके लिए विचार के क्षेत्र में आगे बढ़ने और विकसित होने की चुनौतियाँ नहीं हैं।

कोशिश करूँगा, इसलिए मेरी चाहत होगी कि मैं खास तरह के लोगों के समूह तक ही अपने विज्ञापन पहुँचाऊँ।

टारगेटेड और होमोजेनाइज्ड ऑडियंस बनाने के पीछे सोशल मीडिया और सर्च इंजन कम्पनियों का मकसद सिर्फ कारोबारी हो सकता है। लेकिन यह मामला इतना सरल और मासूम नहीं है।

इसके नतीजे अपेक्षाकृत व्यापक हैं। खासकर सोशल मीडिया के सन्दर्भ में देखें तो उसका बिजनेस मॉडल यह है कि यूजर्स वहाँ ज्यादा से ज्यादा एंगेज हों, अपने बारे में ज्यादा से ज्यादा डाटा जेनरेट करें, अपने को पूरी तरह खोलकर रख दें और इस तरह मिली जानकारियों और सूचनाओं को डाटा कम्पनियों को बेचा जा सके। इस तरह मिलनेवाले डाटा के आधार पर डाटा कम्पनियाँ यूजर की एक प्रोफाइल बैकएंड पर बनाए। यह आँकड़ा किसी भी ग्राहक की आर्थिक स्थिति, उसकी दिलचस्पी आदि के बारे में विश्वसनीय सूचना दे सकता है। इस तरह सोशल मीडिया के किसी भी यूजर की ग्राहक के तौर पर पहचान निर्धारित की जा सकती है। इसी पहचान के आधार पर उसके पास विज्ञापन पहुँचाए जा सकते हैं।

अगर सोशल मीडिया व्यवहार के आधार पर किसी व्यक्ति की प्रोफाइल सिर्फ कंज्यूमर के तौर पर बनती है तो शायद ही इसे खतरनाक माना जाएगा। लेकिन यह प्राइवेसी का उल्लंघन तो हर हाल में है।

अब सोशल मीडिया के यूजर जेनरेटेड डाटा के आधार पर बनी उसकी प्रोफाइल के दूसरे इस्तेमाल के बारे में सोचें। अगर आपकी ऐसी प्रोफाइल राजनीतिक दल या सरकार या किसी अपराधी गिरोह तक पहुँच जाए तो शायद हर किसी को इससे चिन्ता होगी। दरअसल आपके द्वारा सोशल मीडिया में जो कुछ किया जा रहा है, उसका डाटा बिक्री योग्य वस्तु के तौर पर बाजार में उपलब्ध है, इसे लगातार खरीदा और बेचा जा रहा है। अब शायद आप समझ रहे होंगे कि

गूगल, फेसबुक, ट्विटर, लिंक्डइन, इंस्टाग्राम जैसे प्लेटफॉर्म अपने डेवलपमेंट पर करोड़ों डॉलर खर्च करने और रखरखाव और डाटा स्टोरेज पर उससे भी ज्यादा खर्च करने के बावजूद आपको मुफ्त में यह सब इस्तेमाल करने क्यों देते हैं।

विचार निर्माण या ओपिनियन मेकिंग के लिए भी इसका महत्त्व है। अगर आप शाकाहारी हैं और शाकाहार को पसन्द करनेवालों को सोशल मीडिया पर पसन्द करते हैं और मांसाहार को बुरा मानते हैं और यह बात सोशल मीडिया पर लगातार जाहिर भी करते हैं तो सोशल मीडिया पर आपकी टाइमलाइन में ज्यादातर शाकाहारी होंगे या शाकाहार की बात करनेवाले होंगे। यह लोग वास्तविक जीवन में मांसाहारी भी हो सकते हैं, और सोशल मीडिया पर किसी खास कारण से खास इमेज को सामने रखते हों। हालाँकि इसकी सम्भावना कम ही होती है। शाकाहार के बारे में लगातार सकारात्मक बातें पढ़ने और जानने से आपके विचार शाकाहार को लेकर और भी मजबूत हो सकते हैं। साथ ही, आपको मांसाहारियों का तर्क और पक्ष मालूम भी नहीं होगा।

इसी तरह अगर आपकी राजनीतिक दृष्टि उग्र राष्ट्रवादी है, आप सोशल मीडिया पर उग्र राष्ट्रवादी विचार रखते हैं, ऐसे ही लोगों को पसन्द करते हैं, तथा ऐसे ही लोग आपको पसन्द करते हैं तो इसका एक स्वाभाविक परिणाम यह होगा कि सोशल मीडिया पर आपके इर्द-गिर्द उग्र राष्ट्रवादियों का जमावड़ा होगा। आपकी टाइमलाइन ऐसे ही लोगों से भरी होगी। आपके पास ऐसे ही लोगों के फ्रेंड रिक्वेस्ट आएँगे और ऐसे ही लोग आपकी पोस्ट को शेयर और लाइक करेंगे। अगर आपने कभी कोई उदारवादी बात लिख दी या किसी उदारवादी की तारीफ कर दी तो उस पोस्ट पर आपको नकारात्मक इंटरेक्शन मिलेगा, लाइक और शेयर और रिट्वीट कम होंगे, जो आपको भविष्य

में ऐसी बात लिखने या शेयर करने से रोकेंगे।

यानी अगर आप उग्र राष्ट्रवादी या वामपंथी उदारवादी बन कर सोशल मीडिया में आए हैं तो आपकी इन विचारधाराओं को यहाँ चुनौती मिलने की सम्भावना कम होगी और इस बात की सम्भावना ज्यादा होगी कि आपके विचार पुष्ट हो जाएँगे।

यह एक खतरनाक या बुरी बात है। विचारों के गणराज्य में आदर्श स्थिति यह है कि आपके पास तमाम तरह के विचार अपनी पूरी क्षमता और तर्कों के साथ आप तक पहुँचे और आप उस आधार पर अपने विचारों का निर्माण करें। इसके लिए आवश्यक है कि आप अलग-अलग लोगों से मिलें, उनके विचारों के बारे में जानें और उनसे चर्चा करें। दूसरे लोगों के पास भी मौका होना चाहिए कि वे आपसे मिल पाएँ और आप तक अपनी बात पहुँचा पाएँ। इस आपसी अन्तर्क्रियाओं में ही विचार सुसंगत तरीके से बन सकते हैं।

सोशल मीडिया की बनावट वैचारिक बहुलता के अनुकूल नहीं है। सोशल मीडिया को इस काम के लिए बनाया ही नहीं गया है। उसकी आन्तरिक संरचना गिरोहबाजी और गुटबन्दी को बढ़ानेवाली है।

3

सोशल मीडिया आपको उग्र बनाता है

पिछले अध्याय में आपने पढ़ा कि आप सोशल मीडिया में अपने जैसे लोगों के ज्यादा सम्पर्क में रहने को अभिशप्त हैं। लेकिन इसका एक और आयाम है जो खासकर विचारों के मामले में लागू होता है। सोशल मीडिया आपको लगातार उग्र और आक्रामक बना सकता है। सोशल मीडिया किसी यूजर को उसके विचार वाले दायरे में डाल देता है यानी सोशल मीडिया पर आपके आसपास आपके जैसे लोग हैं और आपकी तरह की बातचीत या व्यवहार कर रहे हैं।

इस दायरे में आपकी एक लोकेशन या पोजिशन होगी। अगर किसी भी वस्तु या व्यक्ति या नीति को लेकर लोगों के विचारों को एक स्केल पर रखें तो, इसके दो अतिवादी छोर हो सकते हैं। या तो आप बेहद नरमपंथी छोर पर होंगे जहाँ से आपके विरोधी विचार का सिरा शुरू होता है। दूसरा छोर आपके विचार का सबसे उग्र सिरा होगा। यानी अगर आप वामपंथी हैं तो आप अतिवामपंथी से लेकर लिबरल वामपंथी या इस दायरे के बीच कुछ भी हो सकते हैं। उसी तरह आप उदारवादी राष्ट्रवाद से लेकर उग्र राष्ट्रवाद तक किसी भी विचारों से सम्बद्ध हो सकते हैं। उसी तरह आप्रवासी समस्या, आरक्षण, निजीकरण, किसानों को फसल का मूल्य, बेरोजगारी, चुनाव, शिक्षा नीति, जन-स्वास्थ्य समेत किसी भी मसले पर आप विचारों के दो छोर के बीच कहीं या

किसी छोर पर हो सकते हैं। हम अकादमिक तौर पर जिसे नर्म या उग्र छोर लिख रहे हैं, वह लोकविमर्श के स्तर पर सही या गलत के रूप में समझा जाता है। किसी के लिए नर्म विचार तो किसी के लिए उग्र विचार सही हो सकता है।

हर विचार या सोच के साथ एक बुनियादी बात यह होती है कि उग्र और नर्म विचारों के बीच एक मध्यमार्गी स्थिति यानी पोजिशन होती है, जहाँ दोनों तरह के उग्र विचारों का नकार या सन्तुलन होता है। ऐसा किसी भी विचार या सोच के साथ हो सकता है। मुमकिन है कि किसी क्रिकेट टीम या किसी फिल्म कलाकार को आप पसन्द करते हैं और इसी तरह किसी को आप नापसन्द करते हैं। अगर आपने अपनी राय सोशल मीडिया पर जाहिर कर दी या अगर आप ऐसा लगातार करते हैं तो इस बात की सम्भावना है कि इसी तरह के लोग आपसे जुड़ जाएँगे और आपको किसी एक छोर की ओर ले जाएँगे।

अगर आप सोशल मीडिया में लगातार संवाद में हैं तो इस बात की ज्यादा सम्भावना है कि आप अपने विचार के किसी छोर की तरफ बढ़ रहे होंगे। इसकी सबसे बड़ी वजह यह है कि आपके दायरे में जो लोग ज्यादा उग्र या अतिरेक में अपना पक्ष रख रहे होंगे, उनकी बातें ज्यादा सुनी जा रही होंगी। उन्हें ज्यादा लाइक या रिट्विट या शेयर किया जा रहा होगा। इसी का दूसरा पहलू यह है कि सोशल मीडिया में संवाद के क्रम में उदारवादी या मध्यमार्गी सोच रखनेवालों को न तो ज्यादा पसन्द किया जाता है और न ही ज्यादा नापसन्द किया जाता है। दोनों ही स्थितियों में ज्यादातर लोग ऐसे लोगों की लिखी या बोली बात या तस्वीर पर प्रतिक्रिया कम जताते हैं और इस वजह से ऐसे लोगों की बात आम तौर पर टाइमलाइन पर कम नजर आती है।

इस वजह से सन्तुलित सोच रखनेवाले या तो हाशिए पर चले जाते हैं या फिर प्रासंगिक बने रहने के लिए उग्र तेवर अपना लेते

हैं। दोनों ही स्थिति में बातचीत की प्रकृति तीखी होती जाएगी। इसका मतलब यह हुआ कि सोशल मीडिया में लोगों की प्रकृति मॉडरेशन यानी नरमपंथी होने की नहीं होती। वे अपने विचार का भी सबसे उग्र सिरा पकड़ने की ओर बढ़ते हैं।

उदाहरण के तौर पर, अगर आप आरक्षण विरोधी हैं और अपने विचारों का सार्वजनिक इजहार भी करते हैं तो इस बात की पूरी सम्भावना है कि सोशल मीडिया में आपके आसपास आरक्षण विरोधियों का जमावड़ा होगा। इस वजह से आपके पास ज्यादातर तर्क आरक्षण के खिलाफ आ रहे होंगे। चूँकि आप आरक्षण समर्थकों के तर्कों को देख ही नहीं पा रहे होंगे, इसलिए आपको लग सकता है कि आरक्षण के समर्थन में कोई तर्क है ही नहीं। यह आपको अपने विचारों में और कट्टर बना सकता है। चूँकि आपके पास आरक्षण समर्थक तर्क कम होंगे इसलिए मुमकिन है कि आपके पास इस विमर्श की कई बुनियादी जानकारियों का अभाव होगा। यह सम्भव है कि दरअसल आप किसी तरह का कोई सुसंगत विचार बनाने की स्थिति में ही न हों और आपको यह बात पता भी न हो कि आप सीमित तथ्यों और विचारों के आधार पर अपनी राय बना रहे हैं क्योंकि तकनीकी बल्कि सिद्धान्त के तौर पर तो आप सोशल मीडिया में करोड़ों लोगों से जुड़े हैं।

इसी तरह, भारत में करोड़ों लोग बीजेपी के समर्थक हैं, उसी तरह करोड़ों लोग कांग्रेस के समर्थक हैं। लेकिन सोशल मीडिया पर इन पार्टियों के पक्ष या विपक्ष में बोलनेवाले उन्हीं लोगों के साथ ज्यादा जुड़ते हैं, जिनकी भाषा और तेवर में गर्मी या तीखापन हो। सोशल मीडिया में तीखेपन के साथ अपनी बात करनेवाले लोग आसानी से लोकप्रिय हो जाते हैं।

सामाजिक मनोविज्ञान में ग्रुप पोलराइजेशन पर काफी अध्ययन

हुआ है और यह पाया गया है कि किसी समूह में आपसी चर्चा के बाद लोग अक्सर मध्यमार्गी होने की जगह ज्यादा कट्टर बन जाते हैं। लेखक कास एस संस्टेन उदाहरण देते हैं कि अफर्मेटिव एक्शन का विरोध करनेवाले लोग सोशल मीडिया पर आपस में चर्चा करने के बाद अफर्मेटिव एक्शन के ज्यादा कट्टर विरोधी बन जा सकते हैं। जो लोग यह मानकर चल रहे थे कि क्लिंटन पर चल रहा महाभियोग किसी दक्षिणपंथी साजिश की वजह से है, ऐसे लोगों ने जब आपस में चर्चा की तो उनकी यह धारणा और मजबूत हो गई।

इसकी वे दो वजह बताते हैं। पहली वजह तो यह है कि जब आप अपने जैसे विचार के लोगों से घिरे होते हैं तो किसी मुद्दे पर आप एक पक्ष में तरह-तरह की बातें सुनते हैं। इसकी वजह से आपके पास नए-नए तर्क इकट्ठा हो जाते हैं। इसके मुकाबले आपके पास दूसरे पक्ष की बातें कम आती हैं और आपको लगने लगता है कि वह पक्ष और भी ज्यादा कमजोर है। प्रकारान्तर में आपको स्वाभाविक तौर पर यह लगने लगता है कि आपकी बात ही सही है और इससे आपकी भाषा में अहंकार और सर्वश्रेष्ठ होने का भाव आ जाता है। इसका दूसरा पहलू यह है कि आप दूसरे पक्ष या विचार को निम्न या कमतर मानने लगते हैं। ऐसा करने के लिए आपको अलग से प्रयास नहीं करना पड़ता। अपनी सोच की लगातार पुष्टि होते चले जाने की वजह से सोशल मीडिया पर व्यक्ति उग्र होता चला जाता है।

दूसरी वजह यह है कि हम सब लोग अपने बारे में एक राय रखते हैं और हम इस बात की परवाह करते हैं कि बाकी लोग हमें किस रूप में देखते हैं। इसे इस रूप में समझा जा सकता है कि हमारी एक काल्पनिक आँख हमसे दूर रहकर हमें देख रही होती है और उसी आँख से हम यह भी देख रहे होते हैं कि बाकी लोग हमें किस तरह से और किस नजरिए से देख रहे हैं। यह हमारी वो छवि है जो बाकी

लोगों के दिमाग में हमारे बारे में बन या बिगड़ रही होती है। इस छवि (और लोग क्या कहेंगे) की हमें अक्सर काफी परवाह होती है। कई बार हम अपने को खास मानते हैं और हमें लगता है कि सोचने-समझने की शक्ति हममें औरों से ज्यादा है। इसलिए जब हम ऐसे लोगों के बीच होते हैं जो किसी मामले में एक विचार रखता है तो अक्सर हम उसे और भी आक्रामक रूप से पेश करके अपनी एक छवि बनाने की कोशिश करते हैं। हमारा आक्रामक होना अक्सर हमें अपने जैसे लोगों के समूह में ज्यादा स्वीकार्य बनाता है।

किसी भी सोच-नजरिए-विचार के सबसे उग्र और आक्रामक प्रतिनिधियों की पोस्ट और कमेंट को अक्सर सोशल मीडिया में सबसे ज्यादा लोकप्रियता मिलती है, जिसे लाइक और शेयर से नापा जा सकता है।

अगर कोई मीडिया आदर्श तरीके से काम करता हो तो इससे जुड़ा व्यक्ति तमाम तरह के विचारों को जानने-समझने के बाद सुचिन्तित तरीके से अपनी राय बनाएगा और ज्यादा सम्भावना इस बात की है कि वह ऐसी स्थिति में अतिवाद से बच पाएगा। जर्मन दार्शनिक जरगन हैबरमास इसे पब्लिक स्फियर की बुनियादी शर्त मानते हैं। वे कहते हैं लोकतंत्र के सही तरह से काम करने के लिए पब्लिक स्फियर का होना आवश्यक है, जहाँ लोग लोकमहत्त्व के मुद्दों पर स्वतंत्र तरीके से संवाद कर सकें। किसी विमर्श में अलग-अलग विचारों के लोग शामिल हों और हर किस्म के तर्क हर व्यक्ति तक पहुँच रहे हैं तो इस बात की ज्यादा सम्भावना है कि वह मध्यमार्गी होने की दिशा में बढ़े। कम से कम उसे यह तो पता होगा कि वह जो सोच रहा है, उसके अलावा कितने तरह के तथ्य और तर्क और मौजूद हैं। इससे उसके विचारों में सन्तुलन आ सकता है। लेकिन ऐसा सोशल मीडिया में होता नहीं है।

ऐसा क्यों होता है कि सोशल मीडिया विमर्श में आप उग्र छोर की

तरफ बढ़ते हैं? इसकी सबसे बड़ी वजह यह है कि किसी भी सोशल मीडिया समूह में मान्यता पाना उन लोगों के लिए आसान होता है जो ज्यादा उग्र तेवर अख्तियार करते हैं। इसलिए जब जिस व्यक्ति को यह साबित करना होता है कि वह दरअसल इसी समूह का सदस्य है तो वह यह काम उदार या नरमपंथी बन कर नहीं कर सकता। ऐसा करते ही न सिर्फ वह ग्रुप में किनारे होने लगता है, बल्कि उसे खुद भी अपने पर सन्देह होने लगता है कि वह उस विचार समूह का सदस्य है भी या नहीं।

इस वजह से जो भी लोग ग्रुप के विचारों से खासकर ग्रुप के प्रभावी विचारों से सहमत नहीं हैं, वो प्रतिक्रिया जताने से बचने के लिए चुप्पी धारण कर लेते हैं। हो सकता है कि ऐसे लोग संख्या में ज्यादा हों, लेकिन चूँकि वे अपनी बात या तो रखते ही नहीं हैं या जोरदार तरीके से अपना पक्ष नहीं रखते हैं, इसलिए ग्रुप की लीडरशिप भी अक्सर उन लोगों के पास चली जाती है जो तीखी भाषा में उग्र तेवर के साथ अपनी बात करते हैं। एक तथ्य यह भी है कि सोशल मीडिया में लोग अपने विचारों की पुष्टि या उसके समर्थन की उम्मीद से आते हैं। इसलिए अगर कोई उनके विचारों की आलोचना करता है तो ऐसे विचारों को यूजर न तो लाइक करते हैं न शेयर। यानी ऐसी बातों पर इंटरेक्शन यानी क्रिया और प्रतिक्रिया कम होती है।

ये समस्या सोशल मीडिया के आने के बाद बढ़ी है। लेकिन ऐसा नहीं है कि प्रिंट मीडिया या टीवी मीडिया में ऐसा नहीं था। अमेरिका में कई अध्ययन बताते हैं कि डेमोक्रेटिक और रिपब्लिकन पार्टी के समर्थन खास अखबारों को पढ़ते हैं या खास टीवी चैनलों को देखते हैं। इस तरह के मीडिया में

> सोशल मीडिया पर आपका होना भर आपको उग्र और आक्रामक बनाने के लिए काफी है।

उन्हें अपने विचारों की पुष्टि होती नजर आती है। खास तरह के रीडर या व्यूअर के बीच लोकप्रिय होने की वजह से यह मीडिया संस्थान चाहकर भी अपने विचारों को सन्तुलित करने या अन्य विचारों को स्थान देने का जोखिम नहीं उठा पाते हैं, क्योंकि ऐसा करते ही उनके वफादार रीडर और व्यूअर नाराज हो सकते हैं।

सोशल मीडिया में लोगों का मनोविज्ञान यह भी होता है कि वे नई बात को या नए तेवर में कही गई बात को ज्यादा पसन्द करते हैं। चूँकि यहाँ सूचनाओं और संवाद की भरमार है, और सूचनाओं का प्रवाह भी काफी तेज है, इसलिए कोई भी बात यहाँ बहुत जल्दी बासी हो जाती है। ट्विटर पर किसी भी ट्रेंड की उम्र कुछ घंटों की ही होती है। यूट्यूब पर भी कोई भी वीडियो कुछ समय के लिए ही ट्रेंड करता है और फिर ट्रेंडिंग लिस्ट में कोई नया वीडियो आ जाता है। सोशल मीडिया की प्रकृति ही ऐसी है कि वहाँ लगातार नई सनसनी को ज्यादा से ज्यादा प्रतिक्रियाएँ मिलती हैं।

नएपन की होड़ के साथ अगर इस तथ्य को साथ मिलाकर देखें कि सोशल मीडिया का व्यवहार यूजर को उग्र दिशा में ले जाने का होता है तो इसका मतलब होगा कि वहाँ हर लोकप्रिय बात वो होगी, जो पहले से ज्यादा उग्र होगी, ज्यादा तीखी होगी, ज्यादा चटकारेदार अन्दाज में कही जाएगी। कुल मिलाकर यह यूजर को एक अन्तहीन यात्रा में ले जाता है, जहाँ वह अपने जैसे लोगों से घिरकर अपनी ही बात को सच मानकर और ज्यादा उग्र होता चला जाता है। यहाँ गौर करने की बात यह भी है कि सोशल मीडिया में सिर्फ उनके विचार उग्र नहीं हो रहे हैं जो इस तरह के संवाद के साथ सक्रिय तौर पर जुड़े हैं। अगर कोई व्यक्ति सोशल मीडिया पर लगातार ऐसी बातों को देख रहा है तो भी उसके विचारों में उग्रता आ सकती है, क्योंकि उसके सामने एक ऐसी खिड़की खुली है, जहाँ से उसे सिर्फ तीखी और सनसनीखेज

बातें दिखाई दे रही हैं। यानी सोशल मीडिया पर आपका होना भर आपको उग्र और आक्रामक बनाने के लिए काफी है।

कोई यह कह सकता है कि इंटरनेट पर तो सूचनाओं और विचारों का पूरा संसार बिखरा पड़ा है, इसलिए कोई चाहे तो हर हाल में खोजकर दूसरे प्रकार की सूचनाओं और विचारों तक पहुँच जाएगा। इस बात में दम है क्योंकि यह एक सहज मानवीय प्रवृत्ति है कि जो सूचना, मनोरंजन या किताब या विचार आसानी से उपलब्ध नहीं है, या जब लोगों को लगता है कि कोई बात दबाई या छिपाई जा रही है तो लोग ऐसी चीजों को खोजकर पढ़ते या देखते हैं। लेकिन इसके साथ ही यह बात भी सच है कि अगर कोई बात लोकविमर्श में उपलब्ध ही नहीं है और न उनके उपलब्ध होने की सम्भावना है तो लोग इसे एक सामान्य स्थिति मानकर उसके हिसाब से जीने लगते हैं। यह अंगूर खट्टे हैं वाली कहावत वाली बात है। ऐसा नहीं है कि लोमड़ी या सियार को अंगूर नहीं चाहिए। लेकिन जब उसे पक्के तौर पर यह बात पता चल जाती है कि कितनी भी कोशिश के बाद अंगूर तक पहुँच पाना उसके लिए सम्भव नहीं है तो वह इसे एक सामान्य स्थिति मानकर अंगूर की कामना करना बन्द कर देता है। सूचनाओं के संसार में भी यह होता है।

मिसाल के तौर पर अगर किसी शहर में सारे अखबारों में पोंगापंथ को बढ़ानेवाली सामग्री छप रही हो और इसका कोई अपवाद न हो तो ग्राहक इसे एक स्वाभाविक स्थिति मानकर उनमें से कोई एक अखबार खरीद सकता है। इसे उस ग्राहक द्वारा पोंगापंथ का समर्थन नहीं माना जाना चाहिए। विकल्पहीनता एक नए नॉर्मल की ओर ले जा सकती है।

विचारों की उग्रता की समस्या अब और विकट होती जा रही है क्योंकि 21वीं सदी में कई देशों में उग्र विचारों वाले राजनीतिक दलों

और नेताओं के हाथ में सत्ता आई है। यह नेता और दल अक्सर अपने ही देश के किसी समूह या आप्रवासियों के खिलाफ भावनाएँ भड़काकर अपनी जमीन पुख्ता करते हैं। राष्ट्रवाद का यह अतिवादी और उग्र चेहरा है। ऐसे तमाम नेता और पार्टियाँ सोशल मीडिया पर खूब लोकप्रिय हैं और उनकी बातें खूब शेयर की जाती हैं। इस क्रम में सोशल मीडिया पर कई अर्धसत्य और झूठ फैलाए जाते हैं और किसी समुदाय या समूह को दुश्मन के तौर पर पेश करके बाकी लोगों को गोलबन्द करने की कोशिश होती है।

स्थिति यह है कि सोशल मीडिया पर अतिवादी विचारों की बाढ़ आई हुई है और चूँकि ऐसे विचार के लोग सत्ता में हैं तो इन भड़काऊ बातों और मिस इनफॉर्मेशन को नियंत्रित करनेवाला कोई नहीं होता। सोशल मीडिया कम्पनियों के लिए यह कोई चिन्ता की बात नहीं है क्योंकि इसका उनके बिजनेस पर कोई बुरा असर नहीं पड़ता, बल्कि नकारात्मक बातों के अतिरेक से उनका ट्रैफिक और बढ़ता है। इस तरह उनके पास बेशकीमती डाटा जमा होता चला जाता है।

4

अफवाह और मॉब लिंचिंग

नेशनल यूनिवर्सिटी ऑफ सिंगापुर के इंस्टिट्यूट ऑफ साउथ एशियन स्टडीज द्वारा 2018 में प्रकाशित एक शोध पत्र में यह जानकारी दी गई कि भारत में एक साल में 28 लोगों की हत्या पीट-पीटकर इसलिए कर दी गई, क्योंकि उनके बारे में सोशल मीडिया में अफवाहें फैली हुई थीं। हालाँकि यह आँकड़ा कई मायने में अधूरा है क्योंकि भारत में मॉब लिंचिंग के लिए कानून की कोई अलग धारा नहीं है और कई बार यह जान पाना मुश्किल होता है कि हत्या की कोई घटना मॉब लिंचिंग ही है। न ही सरकारी आँकड़ों से यह पता चलता है कि सोशल मीडिया में फैली अफवाह का हत्या के साथ सीधा सम्बन्ध है या नहीं। साथ ही हत्या के कारणों के बारे में भी कई बार आधी-अधूरी जानकारियाँ ही होती हैं। इसलिए यह आँकड़ा कम या ज्यादा कुछ भी हो सकता है। लेकिन इस बारे में शक की कोई गुंजाइश नहीं है कि सोशल मीडिया पर फैली अफवाहों ने कई बार लोगों की भीड़ को हिंसक बनाया है, जिसका अन्त किसी व्यक्ति की हत्या के रूप में हुआ।

मॉब लिंचिंग से यहाँ मतलब हत्या की उन घटनाओं से है, जिनमें बिना किसी कानूनी प्रक्रिया के भीड़ किसी व्यक्ति या व्यक्तियों को किसी तथाकथित अपराध या किसी सामाजिक या राजनीतिक समूह का सदस्य होने या न होने के कारण पीट कर या किसी और तरीके

से मार डालती है। हो सकता है कि जिस व्यक्ति की हत्या की गई हो, वह अपराधी हो या जिस आरोप की वजह से उसकी हत्या की गई हो, वह वजह वास्तविक हो, लेकिन यह कानून के तहत दिया गया मृत्युदंड नहीं, भीड़ द्वारा की गई हत्या है, क्योंकि मॉब लिंचिंग से पहले किसी विधिक या न्यायिक प्रक्रिया का पालन नहीं किया जाता है। इसके जरिए कई बार किसी समूह या समुदाय को कंट्रोल में रखने की कोशिश की जाती है या उन्हें डराकर किसी खास तरह से रहने या व्यवहार करने को मजबूर किया जाता है।

सोशल मीडिया ने मॉब लिंचिंग की घटनाओं को नया आयाम दे दिया है और माना जा रहा है कि सोशल मीडिया के कारण मॉब लिंचिंग की घटनाओं में बढ़ोतरी हुई है। हालाँकि इस दिशा में अभी और अध्ययन और आँकड़ों की जरूरत है, क्योंकि यह शोध का नया क्षेत्र है।

सोशल मीडिया और इंटरनेट बेशक वैश्विक परिघटना है, लेकिन अलग-अलग व्यक्तियों, समाजों और देशों पर इसका असर अलग-अलग होता है। भारत या ऐसे ही अन्य पिछड़े देशों पर इसका अलग तरह का असर देखा जा सकता है। सोशल मीडिया के जरिए फैल रहे डिसइनफॉर्मेशन, मिस इनफॉर्मेशन, फेक न्यूज या अन्य प्रवृत्तियों को लेकर पश्चिमी देशों में भी चिन्ताएँ हैं। लेकिन उन चिन्ताओं का दायरा सत्य के विखंडन, उपभोक्ता के चुनने के अधिकारों का हनन, लोकतंत्र के कमजोर होने या चुनाव पर देसी-विदेशी असर आदि को लेकर ज्यादा है। सोशल मीडिया को लेकर अमेरिका या यूरोप में सबसे ज्यादा चिन्ताएँ राजनीतिक विचार निर्माण और चुनाव पर पड़नेवाले असर को लेकर हैं। उनमें भी सबसे ज्यादा चिन्ता दूसरे देशों द्वारा चुनाव को प्रभावित करने के लिए सोशल मीडिया के इस्तेमाल को लेकर है। इसके अलावा मेडिकल फील्ड में फैलनेवाले मिस इनफॉर्मेशन

को लेकर भी पश्चिमी देशों में काफी चिन्ताएँ हैं।

अपेक्षाकृत पिछड़े और परम्परागत समाजों में सोशल मीडिया इनके अलावा भी कई और तरह के असर लेकर आता है।

कई शोधकर्ता इस सिलसिले में म्यांमार यानी बर्मा का उदाहरण देते हैं। म्यांमार आर्थिक मानकों पर एक पिछड़ा हुआ मुल्क है और टेक्नोलॉजी का प्रवेश भी वहाँ काफी देर से हुआ है। म्यांमार में मुख्य रूप से बौद्ध आबादी है और मुसलमान वहाँ अल्पसंख्यक हैं। मुसलमानों की आबादी भी राखिने प्रान्त में ज्यादा है, जहाँ उन्हें रोहिंग्या मुसलमान भी कहते हैं।

म्यांमार में बौद्ध और मुसलमान आबादी के बीच तनाव का इतिहास रहा है। म्यांमार के केन्द्रीय शासन से बगावत करनेवाले मुसलमान संगठन भी लगातार सक्रिय रहे हैं, जिनके साथ म्यांमार की सेना की भिड़ंत भी होती रही है। लम्बे सैनिक शासन में यह तनाव लगातार जारी रहा, लेकिन कभी भी बड़े पैमाने पर कोई साम्प्रदायिक हिंसा नहीं हुई।

म्यांमार लम्बे समय तक सैनिक शासन के अधीन रहा और 2012 के बाद वहाँ लोकतंत्र आया। हालाँकि वहाँ के शासन में अब भी सेना की बड़ी भूमिका है और सेना राजकाज के कई अंगों को नियंत्रित या प्रभावित करती है। म्यांमार में लोकतंत्र का आना इस मायने में खास है कि म्यांमार का समाज दक्षिण एशिया या कई अफ्रीकी देशों की तरह पिछड़ा समाज है, जहाँ उत्पादन के साधन भी ज्यादातर सामन्ती हैं, लेकिन उसने शासन प्रणाली के तौर पर लोकतंत्र जैसी आधुनिक व्यवस्था को अपना लिया।

2012-13 के दौर में जब म्यांमार के सैनिक शासन से लोकतंत्र में संक्रमण हो रहा था, तब वहाँ बौद्ध उग्र राष्ट्रवाद का उभार हुआ। इसी दौर में बौद्ध उग्रराष्ट्रवादी संगठनों और कुछ भिक्षुओं ने यह कहना शुरू

कर दिया कि मुसलमान लोग विश्व को बौद्ध-मुक्त बनाना चाहते हैं। इसी दौरान यह अपील आने लगी कि मुसलमानों से सामान न खरीदें और मुसलमानों से शादी तो बिलकुल न करें। यह माँग भी उठने लगी कि म्यांमार में रहनेवाले मुसलमानों के अधिकार सीमित किए जाएँ और उन्हें काबू में रखा जाए।

इन सबके लिए सोशल मीडिया, जिसका मतलब म्यांमार के मामले में फेसबुक है, का जबर्दस्त इस्तेमाल किया गया। म्यांमार में फेसबुक का आना भी एक दिलचस्प मामला है। 2012 तक सैनिक शासन की वजह से सेना ने लोगों के बीच में इंटरनेट को ज्यादा फैलने नहीं दिया। सिर्फ एक सरकारी कम्पनी ही इंटरनेट की सर्विस प्रोवाइडर थी। इस समय तक देश में सिर्फ 1 फीसदी लोग ही इंटरनेट यूजर थे। लेकिन 2013 में दो निजी कम्पनियाँ भी इस क्षेत्र में आ गईं। इसके बाद म्यांमार में इंटरनेट का जैसा विस्फोट हुआ, उसकी दुनिया में कोई और मिसाल नहीं है। प्राइवेट कम्पनियों के आते ही सिम कार्ड के रेट जमीन पर आ गए। 200 डॉलर में बिकनेवाले सिम कार्ड 2 डॉलर में बिकने लगे। 2016 आते-आते देश की आधी से ज्यादा आबादी तक इंटरनेट पहुँच गया।

एक और दिलचस्प बात यह है कि म्यांमार में मोबाइल कम्पनियों ने बिना डाटा खर्च लिए फेसबुक इस्तेमाल करने की सुविधा दी। इसकी वजह से ढेर सारे लोगों ने ऐसे प्लान ले लिए, जिसमें फोन और फेसबुक था। इसका एक फायदा तो यह हुआ कि करोड़ों लोग फेसबुक के माध्यम से एक-दूसरे से जुड़ गए और देश-दुनिया की सूचनाएँ उन तक पहुँचने लगीं। फेसबुक मैसेंजर के जरिए उनके बीच आपसी बातचीत भी बढ़ गई। इसका फायदा बिजनेस से लेकर कई क्षेत्रों में हुआ।

लेकिन इसका एक गलत असर यह हुआ कि ढेर सारे लोगों के लिए फेसबुक सूचनाओं और समाचारों का एकमात्र स्रोत बन गया। सैनिक शासन से मुक्त हुए देश में परम्परागत मीडिया प्लेटफॉर्म मजबूत

नहीं हैं, ऐसे में लोगों को फेसबुक से जो कुछ जानने को मिला, उस पर उन्होंने यकीन करना शुरू कर दिया। म्यांमार में बड़ी संख्या में ऐसे लोग हैं जो फेसबुक को जानते हैं, उसका इस्तेमाल करते हैं, लेकिन वे इंटरनेट के बारे में नहीं जानते, क्योंकि उन्हें फेसबुक इस्तेमाल करने के लिए इंटरनेट मुफ्त मिलता है।

दरअसल 2013 में फेसबुक ने अविकसित देशों के लिए फ्री बेसिक प्लान लॉन्च किया था, इंटरनेट डॉट ओआरजी नाम के इस प्रोजेक्ट के तहत फेसबुक इस्तेमाल करने पर डाटा का खर्च नहीं देना पड़ता है। इसका घोषित उद्‌देश्य इंटरनेट को जन-जन तक पहुँचाना था, हालाँकि फेसबुक के लिए उसके बिजनेस मॉडल में लोगों द्वारा क्रिएट किया गया डाटा ही मुख्य चीज है, जिसका सौदा कम्पनी अपने तरीके से और अपने बिजनेस स्वार्थ के लिए करती है।

इस तरह म्यांमार में सैनिक शासन का अन्त, लोकतंत्र का आना, बौद्ध उग्र राष्ट्रवाद तथा मुस्लिम विरोधी भावनाओं का उभार और फेसबुक का आना और छा जाना लगभग साथ-साथ हुआ। देखते ही देखते फेसबुक बौद्ध उग्र राष्ट्रवादियों के हाथ का औजार बन गया और इसके जरिए मुस्लिम विरोधी भावनाओं को भड़काया गया। मुसलमानों द्वारा की गई कथित हिंसा की फोटोशॉप की हुई इमेज वायरल की गईं।

चूँकि फेसबुक या सोशल मीडिया पर हम अक्सर अपने परिचित की लिखी या पोस्ट की हुई या शेयर की हुई बात ही देखते हैं, इसलिए हमारे लिए उस पर भरोसा कर लेना आसान होता है। म्यांमार में चूँकि विश्वसनीय स्वतंत्र मीडिया विकसित नहीं है, इसलिए लोगों के लिए इससे प्रभावित होना और भी स्वाभाविक था। म्यांमार में मुस्लिम विरोधी भावनाएँ भड़काने में चूँकि वहाँ के सत्ताधारी सामाजिक समूह, सरकार और सेना का भी हित था, इसलिए एकतरफा तरीके से बातें

लोगों तक पहुँचीं और इसे रोकने की शासन के स्तर पर कोई कोशिश नहीं की गई।

इसमें एक समस्या यह भी रही कि फेसबुक ने म्यांमार का सोशल मीडिया मार्केट तो पकड़ लिया, लेकिन उसे इस बात की परवाह नहीं थी कि फेसबुक पर म्यांमार के लोग कर क्या रहे हैं। फेसबुक पर परोसे जा रहे जहर को रोकने के लिए फेसबुक कतई गम्भीर नहीं था। 2015 तक फेसबुक में सिर्फ दो ऐसे कर्मचारी थे, जिन्हें बर्मी भाषा आती थी और वही यह देख सकते थे कि म्यांमार के लोग अपनी भाषा में क्या कुछ सही-गलत लिख रहे हैं। यानी फेसबुक के पास वो तंत्र ही नहीं था, जिसके बूते वह अपने प्लेटफॉर्म पर परोसी जानेवाली घृणा और हिंसा पर लगाम लगाता। हालाँकि जब वहाँ हिंसा ने काफी कीमत वसूल ली, तब जाकर फेसबुक ने बर्मी भाषा जाननेवाला स्टाफ बढ़ाया।

इन परिस्थितियों में म्यांमार में बड़े पैमाने पर मुस्लिम विरोधी हिंसा हुई जिसमें अलग-अलग अनुमानों के मुताबिक हज़ारों लाखों लोग मारे गए और लाखों लोगों को देश छोड़कर भागना पड़ा।

ये कहना तो गलत होगा कि म्यांमार में हिंसा सिर्फ फेसबुक की वजह से हुई। लेकिन यह जरूर कहा जा सकता है कि समाज में घृणा और हिंसक विचारों को फैलाने में फेसबुक ने बड़ी भूमिका निभाई।

भारत की कहानी पूरी तरह म्यांमार जैसी तो नहीं है, लेकिन दोनों देशों के अनुभव में काफी साम्य है। दोनों देश पिछड़े हुए हैं और समाज का मूल ढाँचा अब भी सामन्ती है। दोनों देश लगभग एक साथ आजाद हुए। बर्मा भारत से एक साल बाद, 1948 में ब्रिटिश शासन से आजाद हुआ। दोनों ही देशों में इंटरनेट और सोशल मीडिया का तेज विस्तार हुआ है। करोड़ों लोग हर दिन सोशल मीडिया से सूचनाएँ और अफवाह ग्रहण कर रहे हैं।

ये कहना पूरी तरह ठीक नहीं है कि भारत में सोशल मीडिया पर अफवाह फैलने से मॉब लिंचिंग की जो घटनाएँ हुईं, वो सोशल मीडिया के न होने पर न होतीं। अफवाहों का होना और फैलना सोशल मीडिया के आने से पहले भी होता था। यहाँ तक कहा जाता है कि फ्रांस की क्रान्ति की वजह भी अफवाहें ही थीं। 1857 में भारत में अंग्रेजों के खिलाफ जो विद्रोह हुआ, उसमें भी अफवाहों का बड़ा योगदान माना जाता है। सोशल मीडिया से पहले भी ऐसी अफवाहें फैलती थीं कि कोई खानाबदोश गिरोह गाँव के बच्चों को बेहोश करके चुरा लेगा और इस तरह के शक की वजह से लोग मारे जाते थे।

समाज में अगर साम्प्रदायिक बँटवारा न हो और लोगों के बीच आपस में नफरत फैलानेवाली शक्तियाँ न हों, या कानून और व्यवस्था का माहौल ठीक हो तो सोशल मीडिया हो या न हो, अफवाहें जानलेवा नहीं हो सकतीं। यही वजह है कि पिछड़े देशों की तुलना में सोशल मीडिया का विस्तार और असर ज्यादा होने के बावजूद विकसित देशों में सोशल मीडिया की अफवाहों के कारण मॉब लिंचिंग की घटनाएँ नहीं होती हैं। सोशल मीडिया के आने से पहले 1960 के दशक में और उससे पहले अमेरिका में अक्सर अश्वेत नागरिकों की मॉब लिंचिंग हुआ करती थी क्योंकि कानून ऐसे मामले में ढीले थे और अश्वेतों की मॉब लिंचिंग को श्वेतों के बीच सामाजिक तौर पर बुरा नहीं माना जाता था।

> मॉब लिंचिंग समाज में व्याप्त घृणा और अविश्वास का साइड इफेक्ट मात्र है।

यानी मॉब लिंचिंग सोशल मीडिया से पहले भी थी और सोशल मीडिया के बाद भी है। अब नया यह हुआ है कि सोशल मीडिया के कारण अफवाहों के फैलने की रफ्तार बहुत तेज हो गई है और चूँकि सोशल मीडिया पर ज्यादातर

बातें हमारे आसपास या परिचित या समान विचार के लोगों की होती हैं, इसलिए अफवाहों को विश्वसनीयता भी मिल जाती है। सोशल मीडिया ने पिछड़े देशों में उन आदिम भावनाओं को जगा दिया है, जिसमें किसी को दोषी करार देने से लेकर उसे दोष का दंड देने तक का काम भीड़ खुद ही कर रही है और इसके लिए फेसबुक या व्हाट्सऐप पर फैली अफवाह को ही प्रमाण मान लिया जा रहा है।

लोकतांत्रिक परम्पराएँ कमजोर होने के कारण पिछड़े देशों में मिस इनफॉर्मेशन का प्रसार आसान है। ऐसे देशों में सरकारें और कई बार राजनीतिक दल भी अफवाह और दुष्प्रचार को बढ़ावा देने में जुट जाते हैं। इससे समस्या और गम्भीर हो जाती है। मौजूदा दौर में कई देशों में उग्र राष्ट्रवादी विचारों को बढ़ावा मिला है। ऐसे विचारों का एक आधार अल्पसंख्यक और आप्रवासियों का विरोध और उनके प्रति घृणा भी है। ऐसे हर विचार को किसी दुश्मन की जरूरत होती है। और जब वो दुश्मन निर्धारित कर लिया जाता है तो फिर इस बात को लोगों के दिमाग में बिठाने की कोशिश के क्रम में हेट स्पीच का इस्तेमाल किया जाता है। इस विचार के साथ जब सूचनाओं के प्रसार के जोरदार और तेज माध्यम के रूप में सोशल मीडिया जुड़ जाता है तो जाहिर है कि समस्या विकट हो जाती है। सोशल मीडिया समाज में पहले से मौजूद घृणा को विस्तार देता है, उसे नए लोगों तक पहुँचाता है और उसे घनीभूत भी करता है।

इसमें व्हाट्सऐप जैसे मैसेजिंग प्लेटफॉर्म का अलग से जिक्र करना जरूरी है क्योंकि भारत जैसे देश में सबसे ज्यादा कहर यही ढा रहा है। व्हाट्सऐप के मैसेज चूँकि परिचित लोगों तक पहुँचते हैं और ग्रुप में तो खास तौर पर एक जैसे लोग ही होते हैं, इसलिए यहाँ किसी को यह डर या आशंका नहीं होती कि कोई आदमी झूठ को पकड़ लेगा। फेसबुक या ट्विटर जैसे प्लेटफॉर्म पर अफवाह तो फैलाई जाती है,

लेकिन वहाँ कम से कम यह सम्भावना होती कि कोई आदमी उस झूठ या अफवाह को पकड़कर कमेंट या रिट्वीट या शेयर के जरिए उसका पर्दाफाश कर देगा। साथ ही व्हाट्सऐप एंड टू एंड इनक्रिप्शन की सुविधा देता है यानी जब तक सरकार नजर न रखे, तब तक किसने किसे क्या मैसेज भेजा, इसका पता नहीं चल सकता। यह गोपनीयता अफवाहबाजों के भी काम आ रही है।

भारत जैसे देश में इसे हम अमल में आता हुआ देख सकते हैं। सोशल मीडिया ने भारत के लोगों को मॉब लिंचिंग करना नहीं सिखाया है। लेकिन जो माहौल देश में बना है, और जो घृणा समाज में व्याप्त है, उसे कोने-कोने तक ले जाने का काम यहाँ सोशल मीडिया ने किया है। मॉब लिंचिंग समाज में व्याप्त घृणा और अविश्वास का साइड इफेक्ट मात्र है।

आदर्श स्थिति में इस तरह की खतरनाक अफवाहबाजी को रोकने में सरकार की निश्चित तौर पर भूमिका होनी चाहिए। समाज की भी जिम्मेदारी है कि लोग अफवाह न फैलाएँ और अफवाह फैलानेवालों का पर्दाफाश किया जाए। लेकिन यह बातें असरदार साबित नहीं हुई हैं। इसलिए अब इस बारे में चर्चा हो रही है कि क्या इन प्लेटफॉर्म को मुहैया करानेवाली टेक्नोलॉजी कम्पनियों को अपनी जिम्मेदारी नहीं स्वीकार करनी चाहिए और क्या अफवाहों और मिस इनफॉर्मेशन को रोकने में उनकी कोई भूमिका नहीं है? क्या सोशल मीडिया और मैसेंजर कम्पनियों को बड़ी संख्या में मॉडरेटर नियुक्त करके इस बात की निगरानी नहीं करनी चाहिए कि उनके प्लेटफॉर्म का किस तरह इस्तेमाल हो रहा है? इन सवालों पर विचार करने का समय आ चुका है।

5

वे आपके बारे में बहुत ज्यादा जानते हैं

क्या आपने सोशल मीडिया में अपना नाम और अपनी तस्वीर पोस्ट कर दी है और वे वास्तविक हैं? क्या आपने सोशल मीडिया में अपना सम्पर्क पता, फोन नम्बर और ईमेल सार्वजनिक किया हुआ है? अगर हाँ तो आपको चिन्तित हो जाना चाहिए। आप सिर्फ यह सोचकर संतोष कर सकते हैं कि यह सब शेयर करनेवाले आप अकेले नहीं हैं।

तिलक महाराष्ट्र विद्यापीठ, पुणे के असिस्टेंट प्रोफेसर धीरज सिंह ने जब 200 स्टूडेंट्स और टीचर्स के बीच यही सवाल पूछे तो उन्हें पता चला कि 90 प्रतिशत ने अपना वास्तविक नाम और 92 प्रतिशत ने अपना असली फोटो सोशल मीडिया पर लगाया है। 88 फीसदी ने अपना फोन नम्बर और 66 प्रतिशत ने अपना ईमेल एड्रेस सार्वजनिक किया हुआ है। 33 फीसदी ने तो अपने घर का पता और 24 प्रतिशत ने अपनी वैवाहिक स्थिति की जानकारी सोशल मीडिया पर दे दी है। यह वो जानकारियाँ हैं जो सोशल मीडिया पर लोग देख सकते हैं। हमारे पास यह जानने का कोई जरिया नहीं है कि इस सर्वे में हिस्सा लेनेवाले प्रतिभागियों ने जो जानकारियाँ अपने बारे में दीं, वे सही हैं या नहीं, लेकिन हम अनुमान लगा सकते हैं कि काफी लोग ऐसी सूचनाएँ सोशल मीडिया पर डालते हैं।

भारत में चूँकि डाटा प्राइवेसी को लेकर कोई कानूनी फ्रेमवर्क नहीं है और पश्चिमी देशों की तरह यूजर का डाटा सार्वजनिक करने के लिए कम्पनियों पर भारी जुर्माना नहीं लगाया जा सकता है, इसलिए यहाँ किसी के बारे में डाटा किसी को दे दिए जाने को लेकर कोई हंगामा नहीं होता और न ही किसी सोशल मीडिया कम्पनी को इसके लिए कानून की नजर में दोषी करार दिया जा सकता है। इस पुस्तक के लिखे जाने तक पर्सनल डाटा प्रोडक्शन बिल पास नहीं हुआ था और 2020 की शुरुआत से इस पर संसदीय समिति विचार कर रही थी।

अभी स्थिति यह है कि भारत में ऐप डेवलपर या ऐप के मालिक आपसे आपका डाटा लेने से पहले कई बार साफ शब्दों में आपसे मंजूरी नहीं लेते। जबकि अमेरिकी और यूरोपीय देशों में ऐसा करना बेहद जरूरी है। जब भी आप कोई ऐप डाउनलोड करते हैं तो आपसे कई तरह की परमिशन ली जाती है। लेकिन ज्यादातर मामलों में यूजर बिना टर्म और कंडीशन को पढ़े ही उनकी शर्तों पर सहमति जता देता है। कई बार तो इस सहमति के बिना ऐप डाउनलोड भी नहीं होते यानी ऐप चाहिए तो आपको डेवलपर की शर्त माननी होगी। इस वजह से यूजर कई बार सोचे-समझे बिना ही, सहमति के बॉक्स पर टिक कर देता है।

इंटरनेट के आने के कई दशक बाद और सोशल मीडिया के आने के लगभग डेढ़ दशक बाद तक भारत में डाटा सुरक्षित रखने सम्बन्धी कानून का न होना यह बताता है कि भारत में डाटा की सुरक्षा को लेकर सिर्फ सरकार और नीति नियंता ही नहीं, आम यूजर भी कितने लापरवाह और बेफिक्र हैं। भारत में अभी यह मुद्दा नहीं बन पाया है। हालाँकि इनक्रिप्शन के तमाम दावों के बावजूद, व्हाट्सऐप पर किए गए चैट सार्वजनिक हो रहे हैं और इस बारे में लोगों को

झटका भी लगा है, लेकिन लोग कम्पनी से जवाब-तलब करने की जगह खुद को इस बात के लिए तैयार कर रहे हैं कि सोशल मीडिया पर क्या बताया जाए और क्या न बताया जाए।

डाटा सिक्यूरिटी को लेकर भारत की स्थिति ज्यादा नाजुक इसलिए भी है क्योंकि भारत में लगभग 98 प्रतिशत स्मार्ट फोन एंड्रायड ऑपरेटिंग सिस्टम (बाकी आईओएस) पर चलते हैं और एंड्रायड सिस्टम पर डाटा की सुरक्षा का अच्छा बन्दोबस्त नहीं है। जब भी कोई यूजर इस सिस्टम पर कोई ऐप डाउनलोड करता है, वह दरअसल अपना डाटा सार्वजनिक करने का रास्ता खोल देता है।

इसके अलावा भारतीय यूजर का सोशल मीडिया व्यवहार भी एक पहलू है जिसकी वजह से भारत में सोशल मीडिया प्लेटफॉर्म पर सार्वजनिक किए गए डाटा की भरमार है। सोशल मीडिया प्लेटफॉर्म पर पोस्ट या स्टेटस की डिफॉल्ट सेटिंग पब्लिक यानी सार्वजनिक होती है, जिसे हर कोई देख सकता है। बहुत कम लोग ही इस सेटिंग को बदलते हैं। इस वजह से फेसबुक जैसे प्लेटफॉर्म पर 90 प्रतिशत से ज्यादा स्टेटस सार्वजनिक होते हैं।

कैंब्रिज ऐनालिटिका जैसी कम्पनियों—जो डाटा लेकर उन्हें किसी भी खरीदार को बेचती हैं—के लिए भारत एक खुला मैदान है क्योंकि यहाँ उसे डाटा इकट्ठा करने के लिए वो जद्दोजहद नहीं करनी पड़ती। यूरोप और अमेरिका में उसके लिए यही काम बहुत मुश्किल है।

दरअसल सोशल मीडिया के आने के बाद से इंटरनेट पर व्यक्तिगत जानकारियों की बाढ़ आ गई है। सोशल मीडिया पर ढेर सारा समय बिताने के दौरान यूजर अपने सामाजिक व्यवहार, खरीदारी के व्यवहार, रुचियों, राजनीतिक रुझान, सांस्कृतिक अभिरुचियों आदि के बारे में लगातार जानकारियाँ देता रहता है। इसके साथ अगर किसी आदमी

की लोकेशन, उसके खर्च करने के तरीके, उसके सम्पर्क आदि के बारे में जानकारी मिल जाए तो उस आदमी को समझना और उसके भविष्य के एक्शन के बारे में अन्दाजा लगाना आसान हो जाता है। हालाँकि यह अन्दाजा जरूरी नहीं है कि 100 फीसदी सही हो, फिर भी उसके बारे में अनुमान लगाने का एक वैज्ञानिक जरिया तो सर्फिंग और स्क्रोलिंग बिहेवियर से मिल ही जाता है।

ऐसी जानकारियाँ कई तरह से उपयोगी होती हैं। इनका इस्तेमाल कम्पनियों से लेकर राजनीतिक दल और सरकारों से लेकर व्यक्ति तक कर सकते हैं। इसलिए डाटा अब बिक्री योग्य वस्तु है और बाजार में इसके ढेरों खरीदार हैं। यह डाटा सोशल मीडिया और अन्य डिजिटल कम्पनियों की आमदनी का प्रमुख स्रोत है। इसलिए जब हम बिना कोई खर्च किए फेसबुक, ट्विटर, इंस्टाग्राम, व्हाट्सऐप आदि का इस्तेमाल करते हैं तो दरअसल हम उन्हें कोई रकम तो नहीं देते, लेकिन उन्हें अपना डाटा सौंपते चले जाते हैं, जिसे यह कम्पनियाँ आगे बेच देती हैं या खुद भी वे इसका इस्तेमाल कर लेती हैं। मिसाल के तौर पर यूजर के सर्फिंग बिहेवियर और उसकी लोकेशन के डाटा के आधार पर यह तय किया जाता है कि वह किस तरह के विज्ञापन देखेगा। यूजर के पैदा किए हुए डाटा के आधार पर मार्केटिंग और विज्ञापन की रणनीतियाँ बनाई जाती हैं।

आप किसी खास समय में किस स्टोर में घुसकर कौन-सा प्रोडक्ट खरीद रहे हैं या किसी खास जगह पर खड़े होकर कौन-सा कैब बुक करके कहाँ जा रहे हैं, जैसे आँकड़े रियल टाइम कोई देख सकता है और इन जानकारियों का इस्तेमाल कर सकता है। यह न सिर्फ आपको ग्राहक के तौर पर आपकी पहचान

निजता यानी प्राइवेसी का उल्लंघन अभी तक इलीट वर्ग की चिन्ताओं में ही शामिल हो पाया है।

का सार्वजनिक होना है, बल्कि इससे आपकी निजी सुरक्षा को भी खतरा हो सकता है।

इसी तरह अगर किसी यूजर ने अपने सर्फिंग बिहेवियर से कोई राजनीतिक रुझान दिखाया तो राजनीतिक दल या कोई कॉरपोरेट उनके लिए खास विज्ञापन उनकी फीड में डाल सकता है। कोई कम्पनी लोगों के सर्फिंग व्यवहार के आधार पर यह जानकारी ले सकती है किसी खास अपार्टमेंट के लोग किस पार्टी को पसन्द और किसे नापसन्द करते हैं और विभिन्न मुद्दों पर उनकी राय क्या है। यूजर के पैदा किए हुए डाटा के विश्लेषण से ऐसी असीमित सम्भावनाओं को परखा जा सकता है और उन जानकारियों का और उन विश्लेषणों का इस्तेमाल किया जा सकता है।

इस डाटा का किस तरह से और कितने तरीके से इस्तेमाल होगा, यह अन्दाजा लगा पाना यूजर के लिए सम्भव नहीं है। यह अन्दाजा लगा पाना सोशल मीडिया कम्पनियों के लिए भी सम्भव नहीं है क्योंकि जिन कम्पनियों को वे यूजर का डाटा बेचती हैं, वे इसका किसी भी तरह का इस्तेमाल कर सकती हैं या यही डाटा वे आगे बेच सकती हैं। यह सब इसलिए है क्योंकि सोशल मीडिया का एकाउंट बनाते समय या किसी ऐप को डाउनलोड करते समय हमने यह सोचा भी नहीं है कि उस प्लेटफॉर्म को हम किस तरह के अधिकार दे रहे हैं। कई बार डाटा या अपने बारे में सूचनाओं को सुरक्षित रख पाना नागरिकों के लिए मुमकिन भी नहीं होता क्योंकि खुद सरकार या सरकारी एजेंसियाँ डाटा इकट्ठा करती हैं। आधार से लेकर पैन कार्ड और आरोग्य सेतु तथा आपकी जीपीएस लोकेशन से लेकर ड्राइविंग लाइसेंस और एटीएम कार्ड तक के बीच अब सम्बन्ध जुड़ गया है और इन सारी सूचनाओं को अगर बिग डाटा एनालिसिस के साथ जोड़ दिया जाए और लोगों के मोबाइल फोन

और उनके सोशल मीडिया व्यवहार को भी एक फैक्टर के तौर पर शामिल कर लिया जाए, तो किसी आदमी के बारे में लगभग हर बात जान लेना सिद्धान्ततः सम्भव है।

हालाँकि यह उस स्थिति की बात है, जब हमारे द्वारा दी गई सहमति (जो शायद सोच-समझकर न दी गई हो) के आधार पर हमारे डाटा को बेचा जाए या किसी को दे दिया जाए। इसके अलावा डाटा चोरी हो जाना भी मुमकिन है और ऐसा कई बार हो चुका है।

डाटा प्राइवेसी से जुड़े कई और पहलू भी हैं, जिसमें इंटरनेट फ्रॉड, रिलेशनशिप को लेकर धोखाधड़ी, बैंकिंग फ्रॉड आदि शामिल हैं। सोशल मीडिया के आने के बाद चूँकि यूजर जेनरेटेड कंटेंट और डाटा की मात्रा बढ़ी है, इसलिए ग्राहक के तौर पर उनकी प्रोफाइलिंग आसान और ज्यादा सटीक हो गई है। लेकिन भारत में फिलहाल इसे लेकर उतनी गम्भीर चिन्ताएँ नहीं हैं, जैसी चिन्ता पश्चिमी देशों में है। निजता यानी प्राइवेसी का उल्लंघन अभी तक इलीट वर्ग की चिन्ताओं में ही शामिल हो पाया है। इसलिए सोशल मीडिया कम्पनियाँ बेफिक्र नजर आ रही हैं।

6

एको चेम्बर यानी अपनी ही आवाज की गूँज

फेसबुक ने अगर 2016 में यह तय किया कि लोगों की टाइमलाइन पर समाचारों की फीड अब कम दिखाई जाएगी और इसके बदले लोगों की फ्रेंड लिस्ट में मौजूद लोगों के पोस्ट ज्यादा दिखाए जाएँगे तो इस बेहद मामूली नजर आनेवाले फैसले से फेसबुक के करोड़ों यूजर्स की सूचनाओं की दुनिया बदल गई। अब उनके पास अखबारों और चैनलों की फीड कम आने लगी। समाचारों के लिंक उसे आम तौर पर तभी दिखेंगे, जब उसकी फ्रेंड लिस्ट में मौजूद किसी व्यक्ति ने उसे शेयर या लाइक किया हो।

फेसबुक के इस फैसले से यह भी साबित हुआ कि हर क्षण मौजूद लाखों-करोड़ों सूचनाओं के बीच आपकी टाइमलाइन अपने आप तैयार नहीं होती, बल्कि इसे खास तरह से सजाया जाता है।

फेसबुक का टाइमलाइन फीड बदलने का फैसला यह भी दर्शाता है कि जिस टाइमलाइन को काफी लोग ऑटोमैटेड मान रहे थे, वह ऑटोमैटेड नहीं है। बल्कि उसमें मानवीय हस्तक्षेप किया जाता है।

कोई भी लोकतंत्र अच्छी तरह से तभी काम करता है जब उसके नागरिकों तक तमाम तरह की विविधतापूर्ण सूचनाएँ पहुँचें। अगर किसी नागरिक तक सिर्फ एक ही तरह की या फिर चुनी हुई सूचनाएँ ही पहुँचाई जाती हैं और अन्य सूचनाओं से उसे वंचित रखा जाता है तो

वह अपनी राय सुसंगत तरीके से नहीं बना पाएगा। अगर ऐसे नागरिकों की संख्या बहुत ज्यादा हो, जो सूचनाओं की विविधता से वंचित हैं तो जनमत निर्माण का काम सही तरीके से नहीं हो सकता। किसी लोकतंत्र में सूचना के संसार को सिर्फ एक विचारधारा की खबरों से पाट दिया जाए तो यह तो मुमकिन है कि उस विचारधारा का बोलबाला कायम हो जाएगा, लेकिन यह विचारों का लोकतंत्र नहीं होगा।

चूँकि इस दुनिया में सूचनाएँ असीम हैं और यह मुमकिन नहीं है कि उनमें से हर सूचना तक किसी एक आदमी की पहुँच हो, इसलिए जनसंचार माध्यमों में सूचनाओं और नागरिकों के बीच कुछ मध्यस्थ होते हैं जो सूचनाओं का चयन करते हैं, ढेर सारी खबरों को छाँट कर हटा देते हैं और कुछ चुनी हुई खबरों को मॉस कम्युनिकेशन के माध्यमों, जैसे अखबार, पत्रिकाओं, रेडियो, टीवी और अब डिजिटल माध्यमों से लोगों तक पहुँचाते हैं। मॉस कम्युनिकेशन की भाषा में इस तरह खबरें छाँटने या खबरों में से कुछ तथ्यों को हटाने और कुछ तथ्यों को रखनेवालों को गेटकीपर्स और इस व्यवस्था को *गेटकीपिंग* सिद्धान्त कहा गया है।

ये व्यवस्था लम्बे समय से चली आ रही है और कई तरह की आलोचनाओं के बावजूद पत्रकारिता की दुनिया में माना जाता है कि यह ठीक-ठाक व्यवस्था है। इसमें पाठक या दर्शक सूचनाओं के लिए यह सम्पादक के विवेक पर निर्भर होता है कि वह कैसी सामग्री उन तक पहुँचने देता है। चूँकि सम्पादकों पर कई बार यह दबाव होता है कि वे सन्तुलित सामग्री दें और उन्हें अपने तमाम तरह के पाठकों या दर्शकों का ध्यान रखना पड़ता है, इसलिए गेटकीपिंग सिस्टम से छनकर आने के बावजूद समाचार सामग्री में अक्सर काफी विविधता होती है। वेब पर मौजूद कई न्यूज प्लेटफॉर्म में भी सम्पादक और गेट-कीपिंग सिस्टम मौजूद है, जहाँ कई तरह की गलतियाँ और अवैधानिकताएँ भी छँट जाती हैं।

लेकिन इंटरनेट एक अलग तरह की ही गेट-कीपिंग या सेलेक्शन और रिजेक्शन हमारे लिए करता है और इस पद्धति के लिए फिल्टर भी यूजर खुद ही जुटा कर देते हैं। दरअसल इंटरनेट यूजर के सर्फिंग व्यवहार से उनके बारे में डाटा जुटाता है और फिर इस तरह से मिले डाटा, यूजर की लोकेशन तथा भाषा वगैरह के आधार पर अपने एल्गोरिदम से तय करता है कि किस यूजर को किस तरह की सामग्री देनी है।

यानी इंटरनेट कहने को तो एक है, लेकिन दरअसल वह हर यूजर के लिए अलग-अलग अनुभव प्रस्तुत करता है। सोशल मीडिया में जितने यूजर हैं, सिद्धान्त के तौर पर, उनमें से हर किसी की टाइमलाइन पर अलग-अलग तरह की सामग्री आती है। हर किसी के अलग-अलग तरह के नोटिफिकेशन और फ्रेंड सजेशन आते हैं। यहाँ तक कि गूगल सर्च रिजल्ट भी लोकेशन और सर्फिंग व्यवहार के हिसाब से अलग-अलग होता है।

ये एक खास तरह की स्थिति है। इसे इस तरह से समझा जा सकता है कि एक घर का हर आदमी एक ही समाचार-पत्र में अलग-अलग समाचार देख रहा है, या एक ही चैनल अलग-अलग व्यक्तियों के लिए अलग-अलग समाचार दिखा रहा है। सवाल उठता है कि जिन तथ्यों, सूचनाओं और समाचारों के आधार पर विचार बनते हैं अगर वही तथ्य हर किसी के लिए अलग हों तो फिर नागरिकों के विचार किस तरह से बनेंगे। जिन तीन सूचनाओं के आधार पर सोहन ने एक विचार बनाया है अगर वही तथ्य अंजलि के पास नहीं होंगे तो दोनों की विचार प्रक्रिया अलग हो जाएगी और दोनों अलग-अलग तरीके से किसी निष्कर्ष तक पहुँचेंगे। यह निष्कर्ष भिन्न हो सकते हैं और दोनों को यह लग सकता है कि उन्होंने सही निष्कर्ष निकाला है। अगर दोनों के निष्कर्ष एक जैसे हुए भी तो वहाँ तक पहुँचने का दोनों का तरीका अलग होगा।

डिजिटल मीडिया और खासकर सोशल मीडिया में विचार निर्माण की प्रक्रिया टीवी और अखबारों से इस मायने में अलग है कि टीवी और अखबार अपनी खबरों का एक बड़ा हिस्सा एजेंसियों और सरकारी तथा कॉरपोरेट प्रेस विज्ञप्तियों तथा प्रेस कॉन्फ्रेंस से लेते हैं। यह सूचनाओं का संगठित क्षेत्र है और ज्यादातर अखबार और चैनल इन सूचनाओं का इस्तेमाल करते हैं। निक डेविस ने अपनी किताब 'फ्लैट अर्थ न्यूज' में न्यूजरूम में समाचार संकलन और समाचार प्रवाह का अध्ययन करने के बाद पाया कि ऐसी खबरें काफी कम होती हैं जिन्हें रिपोर्टर ने खुद संकलित किया हो। ज्यादातर खबरों के पीछे पब्लिक रिलेशन यानी जनसम्पर्क का तंत्र काम करता है। संगठित समाचार स्रोत से ज्यादातर खबरें लेने के कारण परम्परागत सूचना माध्यमों पर निर्भर लोगों तक ढेर सारी समान सूचनाएँ पहुँचती हैं। लेकिन डिजिटल मीडिया के लिए यह सच नहीं है। कहने को, या कहें सिद्धान्त रूप में इंटरनेट पर हर किस्म की सूचनाएँ और समाचार उपलब्ध हैं, लेकिन यहाँ चूँकि हम वही सूचनाएँ ज्यादा देखते हैं जो हमारे लिए हमारे सर्फिंग व्यवहार से निर्धारित हुआ है, इसलिए यहाँ एक अन्य किस्म की विविधता है, जिसे लगभग अराजकता कहा जा सकता है।

लेकिन क्या डिजिटल मीडिया में सूचनाओं और समाचारों का संसार इतना लोकप्रिय हो चुका है और क्या इनकी पहुँच इतने लोगों तक होने लगी है कि इस बारे में बात की जाए कि इसका लोकतंत्र के लिए क्या मतलब है? दरअसल ऐसा हो चुका है। पश्चिमी देशों में ही नहीं, भारत में भी डिजिटल मीडिया और खासकर सोशल मीडिया सूचनाओं और समाचारों के प्रमुख स्रोत के रूप में उभर चुका है। डिजिटल मीडिया का दायरा तेजी से बढ़ भी रहा है, जबकि प्रिंट और टीवी मीडिया में ठहराव आ चुका है।

दरअसल अखबार अब समाचार के स्रोत के अलावा लोगों की आदत की वजह से भी खरीदे जा रहे हैं। दिल्ली से सटे नोएडा के एक अपार्टमेंट में किए गए एक रेंडम अध्ययन से पता चला है कि जिन घरों में सिर्फ युवा यानी 20 से 30 साल के लोग रहते हैं, उन घरों में अखबार नहीं खरीदा जाता। इस बात की पुष्टि वहाँ के समाचार-पत्र विक्रेता से भी हुई। यानी समाचार कंज्यूम करने के मामले में हम डिजिटल मीडिया के दबदबे की ओर बढ़ रहे हैं।

हालाँकि इस दिशा में और योजनाबद्ध शोध की जरूरत है। इसके बाद ही ऐसा कोई निष्कर्ष निकाला जा सकता है कि भारतीय महानगरों के युवा अखबार खरीदना बन्द कर चुके हैं। लेकिन जो लोग अखबार खरीद भी रहे हैं, क्या वे आज की सूचनाओं के लिए कल सुबह आनेवाले अखबार पर निर्भर हैं? कई लोगों के लिए यह सच नहीं है। ढेर सारे लोग आज की सूचनाएँ आज ही हासिल कर लेते हैं और इसमें टीवी के अलावा डिजिटल मीडिया और सोशल मीडिया की बड़ी भूमिका है। अक्सर लोग न सिर्फ सूचनाएँ तत्काल ग्रहण कर लेते हैं, बल्कि उसकी चर्चा और मीमांसा भी तत्काल कर लेते हैं और तब तक कोई और सूचना या खबर आ जाती है।

लोगों के समाचार ग्रहण करने के तौर-तरीकों पर अमेरिका में 2016 में एक शोध हुआ। प्यू रिसर्च के इस शोध से पता चला कि अमेरिका में 10 में से 6 लोग सोशल मीडिया से समाचार लेते हैं। उनमें से लगभग 20 प्रतिशत लोगों के लिए तो यह समाचारों का प्रमुख स्रोत है। जो लोग ट्विटर या फेसबुक से जुड़े हैं उनमें से तो ज्यादातर लोग समाचारों के लिए इन्हीं पर निर्भर हैं। चूँकि ट्विटर से ज्यादा लोग फेसबुक पर हैं, इसलिए लोगों को कौन-सी खबरें मिलती हैं और कौन-सी खबरें नहीं मिलती हैं, इसमें फेसबुक की बहुत बड़ी भूमिका है। इस वजह से फेसबुक के राजनीतिक असर को लेकर

कई देशों में बहस हो रही है, जिनमें अमेरिका और ब्रिटेन से लेकर भारत शामिल है।

समाचार ही नहीं, सूचनाओं के लिए भी हम सोशल मीडिया पर बुरी तरह निर्भर हो चुके हैं। ऐसे समय में यह जानना सिर्फ मॉस मीडिया शोधकर्ताओं और टेक्नोलॉजी एक्सपर्ट के मतलब की बात नहीं है कि फेसबुक हमें कौन-सी खबरें पहुँचाता है और कौन-सी खबरें हम तक फेसबुक के जरिए नहीं पहुँचती हैं। यह बात ट्विटर और दूसरे सोशल मीडिया साइट्स पर भी लागू होती है। फेसबुक और ट्विटर पर कहने को तो सूचनाओं का महासमुद्र है जहाँ यह कहा जा सकता है कि लगभग हर सूचना और हर समाचार मौजूद है। इस मायने में पहली नजर में यह प्लेटफॉर्म लोकतांत्रिक नजर आते हैं कि आप यहाँ खोजकर किसी भी खबर या सूचना तक पहुँच सकते हैं।

लेकिन क्या हम ट्विटर या फेसबुक पर सूचनाएँ खोजकर पढ़ते हैं?

हो सकता है कि कुछ लोग ऐसा करते हों। लेकिन सोशल मीडिया पर सर्फिंग का यह सामान्य व्यवहार नहीं है। ज्यादातर लोग, हालाँकि यह कहने के पीछे कोई आँकड़ा नहीं है, सोशल मीडिया पर आम तौर पर अपनी टाइमलाइन स्क्रॉल करते हैं और नोटिफिकेशन देखते हैं। इसके अलावा लोग अपनी पोस्ट या ट्विट पर आए कमेंट्स और अपने से जुड़े लोगों की पोस्ट और उसके कमेंट देखते हैं।

ट्विटर या फेसबुक पर आपकी टाइमलाइन में क्या आएगा, यह कौन तय करता है? यह सवाल महत्त्वपूर्ण है क्योंकि इससे काफी हद तक तय हो जाता है कि आप किस तरह की सूचनाएँ ले रहे हैं और कौन-सी सूचनाएँ आप तक नहीं या कम पहुँच रही हैं। दरअसल आपकी टाइमलाइन और नोटिफिकेशन आपके हर क्षण के प्राइवेट अखबार की तरह हैं और सोशल मीडिया में आपकी नजर ज्यादातर

इन्हीं चीजों पर जाती हैं।

कल्पना कीजिए एक ऐसे अखबार की, जो आपके घर में आता हो और वही अखबार जब आपके पड़ोसी के घर में पहुँचे तो उसमें छपी खबरें बदल चुकी हों। यानी एक ही ब्रांड का अखबार हर व्यक्ति के लिए अलग-अलग खबरें छापे और यह इस बात से तय हो कि वह आदमी किस तरह की खबरों को ज्यादा देखता है और किन खबरों पर उसकी नजर नहीं जाती। मिसाल के तौर पर अगर मैं दक्षिणपंथी हूँ तो मेरा अखबार दक्षिणपंथी खबरों से भरा हो और मुझे वामपंथी या लिबरल नजरिए से कोई खबर न मिले या ऐसी खबरें कम मिलें। उसी तरह वामपंथी व्यक्ति को वही अखबार सिर्फ वामपंथ के अनुरूप खबरें दिखाए। खेल पसन्द करनेवाले के अखबार में सिर्फ खेल की खबरें हों और म्यूजिक पसन्द करनेवाले के अखबार में खेल की खबरें न हो, क्योंकि वह खेल की खबरें पढ़ता ही नहीं है। सोशल मीडिया में यह काफी हद तक हो चुका है।

हालाँकि अखबारों में भी एक हद तक ऐसी माइक्रो टार्गेटिंग हुई है। ज्यादातर अखबार अक्सर जिले के अन्दर भी एक से ज्यादा संस्करण छापने लगे हैं। एक संस्करण में छपी ढेर सारी खबरें दूसरे संस्करण में नहीं मिलती हैं। कई बार 16 पन्नों के अखबार में लोकल खबरों के छह या ज्यादा पन्ने होते हैं। इससे अखबारों को विज्ञापन के लिए स्पेस बेचने में आसानी होती है क्योंकि जो विज्ञापनदाता सिर्फ खास भौगोलिक इलाके के कस्टमर चाहता है, वह नहीं चाहेगा कि वह ज्यादा रुपए खर्च करके ऐसा विज्ञापन छपवाए, जो उन इलाकों में भी छपें, जहाँ से उसे ग्राहक मिलने नहीं हैं।

इसका नतीजा यह हो रहा है कि किसी इलाके की सबसे बड़ी खबर, जिसको अन्यथा राज्य स्तरीय या राष्ट्रीय स्तर की खबर होना चाहिए, उसी इलाके के संस्करण में छपकर रह जाती है। हो सकता

है कि पड़ोस के जिले के लोगों को पता ही न हो कि दूसरे जिले में क्या कुछ हो गया है। सूचनाओं के बारे में यह अज्ञान पाठक और दर्शक को दरिद्र बनाता है। यह कई बार अखबारों के राज्य मुख्यालयों या राष्ट्रीय मुख्यालयों में बैठे सम्पादक के विवेक पर निर्भर करता है कि किन खबरों को एक खास संस्करण की बाउंड्री से बाहर के लोगों को पढ़ाया जाए। समाचार को बताने या न बताने का यह विवेक वस्तुनिष्ठ नहीं भी हो सकता है। एक सम्पादक या समाचार सम्पादक के नाते कोई व्यक्ति अपनी पसन्द-नापसन्द, राग-द्वेष, विचारधारा, जाति-धर्म-वर्ग या किसी और पहचान समेत अनगिनत बातों से समाचार के बारे में निर्णय कर सकता है और यह निर्णय हजारों और कई बार लाखों लोगों के सूचना संसार को निर्धारित या प्रभावित कर सकता है।

वैसे भी किसी न्यूजरूम में हर दिन रिपोर्टर और समाचार एजेंसियों के जरिए आनेवाली हजारों सूचनाओं में कुछेक सूचनाओं को ही छापने लायक माना जाता है। ऐसा कोई मानक और सर्व स्वीकार्य पैमाना नहीं है, जिस पर सूचनाओं और समाचारों को कस कर महत्त्वपूर्ण खबरों को छाँटा जाए। यही वजह है कि एक ही शहर के अलग-अलग अखबार अलग-अलग तरह की खबरें छापते हैं। जो खबर एक अखबार के लिए सबसे महत्त्वपूर्ण है, वही खबर दूसरे अखबार के लिए खारिज कर दिए जाने के काबिल हो सकती है। खबर के महत्त्व को सम्पादक अपने संस्थान की नीतियों, मालिक की पसन्द, राजनीतिक वातावरण, अपने विवेक और पाठकों की पसन्द जैसे तरीके से चुनता है।

लेकिन आपकी फ्रेंड लिस्ट में तो आम तौर पर वही लोग होते हैं तो जो आपकी तरह के हैं। तो इसका मतलब है कि आपकी टाइमलाइन पर इन अखबारों की वेब साइट्स की भी वही खबरें नजर आएँगी जो आपके मित्रों के ध्यान में आई हों या जिन खबरों को आप आम तौर

पर देखते रहे हों। इस तरह आपके आसपास आपको पसन्द आनेवाली या आपका ध्यान खींचनेवाली खबरों का जमावड़ा होगा।

फेसबुक या ट्विटर दरअसल आपकी टाइमलाइन को कई तरीके से प्रभावित करता है यानी आपका सर्फिंग बिहेवियर अकेली चीज नहीं है, जिससे आपकी टाइमलाइन प्रभावित होती है। ये सोशल मीडिया प्लेटफॉर्म कंटेंट के बारे में किसी भी तरह का विवाद होने पर कहते हैं कि ऐसा किसी आदमी ने नहीं किया है, बल्कि यह एल्गोरिदम से तय हुआ है। लेकिन यह मानने में किसी को एतराज नहीं होना चाहिए कि एल्गोरिदम भी तो आदमी या आदमियों की टीम ही सेट करती है। एक एल्गोरिदम यह हो सकता है कि टाइमलाइन पर किसी यूजर के ज्योग्राफिकल लोकेशन के आसपास के ज्यादा लोग नजर आएँ, दूसरा एल्गोरिदम इस तरह सेट किया जा सकता है कि यूजर जिनकी पोस्ट लाइक करता है, उन्हें टाइमलाइन पर ज्यादा महत्त्व दिया जाए। ऐसा एल्गोरिदम भी सेट किया जा सकता है कि किसी यूजर के फ्रेंड के फ्रेंड की पोस्ट टाइमलाइन पर ज्यादा दिखाया जाए। ऐसे ही सैकड़ों और पैरामीटर के आधार पर या हर पैरामीटर का अलग-अलग वेटेज निर्धारित कर हजारों-लाखों तरह के एल्गोरिदम बनाए जा सकते हैं। आखिरकार इन सब में आदमी की भूमिका तो है ही। और जहाँ आदमी की भूमिका है, वहाँ जेंडर भी है, रेस भी है, जाति भी है, धर्म भी है, पसन्द और नापसन्द भी है। विचार और विचारधारा भी है। तो यह उतना सीधा-सपाट मामला नहीं है, जितना सोशल मीडिया कम्पनियाँ कि सब एल्गोरिद्म से अपने-आप तय होता है।

इसके पीछे सोशल मीडिया ने मानव मनोविज्ञान और व्यवहार

जहाँ आदमी की भूमिका है, वहाँ जेंडर भी है, रेस भी है, जाति भी है, धर्म भी है, पसन्द और नापसन्द भी है। विचार और विचारधारा भी है।

की एक बुनियादी बात को पकड़ा है। हम आम तौर पर अपने आसपास की चीजों के बारे में ज्यादा बात करना पसन्द करते हैं। फेसबुक के संस्थापक मार्क जुकरबर्ग ने एक बार कहा था कि हमें अपने पास मरनेवाली एक गिलहरी के बारे में ज्यादा फिक्र होती है बनिस्बत अफ्रीका में मरनेवाले एक इनसान के। और यह बात सिर्फ भौगोलिक दूरी के बारे में सच नहीं है। हम ज्यादातर समय अपने जैसे लोगों के बारे में चर्चाएँ करते हैं, उनके बारे में जानना चाहते हैं। वे अपने लोग या अपने जैसे लोग कॉलेज के हमारे सहपाठी हो सकते हैं। ऑफिस में हमारे सहकर्मी हो सकते हैं। वे हमारे व्यवसाय के लोग हो सकते हैं। वे हमारी तरह की अभिरुचि वाले लोग हो सकते हैं। वे हमारे जैसे राजनीतिक विचार रखनेवाले लोग हो सकते हैं। वे समान शौक वाले लोग हो सकते हैं। अगर हम पेंटर हैं तो हमारे संसार में पेंटिंग से जुड़े लोग ज्यादा हो सकते हैं।

सोशल मीडिया हमारे लिए जब हमारी टाइमलाइन हमारे जैसे लोगों से भर देता है तो इससे मुख्य रूप से यह दिक्कत है कि वहाँ लोग अक्सर अपने वास्तविक रूप में नहीं होते हों। कई बार कम्पनियों और राजनीतिक दलों और कई बार धार्मिक बाबाओं के आईटी सेल और वहाँ काम करनेवाले लोग कई-कई एकाउंट एक साथ चलाते हैं और ऐसा माहौल बना देते हैं कि इस समय सबसे ज्यादा चर्चा में वो बात है जो वे बताना चाहते हैं। यह लोग कई बार हमारी फ्रेंड लिस्ट में भी जगह बना लेते हैं और फेक न्यूज भी फैलाते हैं। इसके अलावा बॉट यानी मशीनी व्यक्तित्व का एक पूरा तंत्र काम करता है जो किसी खास समय में खास आइडिया या विचार को वायरल कर रहा होता है। इसका असर विमर्श और पब्लिक ओपिनियन पर पड़ता है और कई बार फर्जी बातों को वायरल करने में एक आम यूजर भी इनवॉल्व हो जाता है। सोशल मीडिया 24 घंटे और 365 दिन अपने

एल्गोरिदम और हमारे सर्फिंग व्यवहार के मुताबिक हमें हमारे दायरे में ही कैद रखता है। यहाँ हमारी धारणाएँ पुष्ट होती रहती हैं क्योंकि इन्हें चुनौती देनेवाले लोगों और उनकी बातों के हमारे आसपास पहुँच पाने की सम्भावना कम होती है।

7

वायरल कंटेंट की तकनीक और समाजशास्त्र

सोशल मीडिया पर हममें से ज्यादातर लोग जिन बातों को शेयर या लाइक या रिट्वीट करके उन्हें फैलाते हैं, उनके बारे में हमारी निजी जानकारी काफी कम या बिलकुल नहीं होती। हमें अपने अनुभव से नहीं मालूम कि बाबर या सिकंदर अच्छे थे या बुरे। हममें से ज्यादा लोगों को अपने निजी अनुभव से नहीं मालूम कि अमेरिका में परिवार फल-फूल रहे हैं कि टूट रहे हैं और अगर वे परम्परागत परिवार वहाँ टूट रहे हैं तो इसका समाज पर क्या असर हो रहा है। हमें निजी अनुभव से शायद यह न मालूम हो कि ट्रम्प या ओबामा का शासन दरअसल कैसा था और दोनों में तुलनात्मक रूप से क्या फर्क है और इस फर्क को वहाँ के समाज के अलग-अलग तबके किस रूप में देखते हैं।

लेकिन इनमें से हर विषय या व्यक्ति के बारे में मुमकिन है कि हमारी कोई राय हो और इस बारे में सोशल मीडिया में कुछ लिखा या बोला हुआ देखने या सुनने के बाद हम अपने हिसाब से उसका समर्थन या विरोध कर दें।

मिसाल के तौर पर हो सकता है कि हमें मिसाइल टेक्नोलॉजी के बारे में कुछ भी मालूम न हो, लेकिन इसका मतलब यह नहीं है कि हम उससे जुड़ी किसी बात को शेयर नहीं करेंगे। अगर सोशल मीडिया पर ऐसी कोई खबर वायरल हो कि हमारे देश ने एक ऐसी मिसाइल बनाई

है जो एक साथ 500 ठिकानों को तबाह कर सकती है तो मुमकिन है कि उसे शेयर कर दें। यहाँ तक कि किसी अन्य देश में बनी ऐसी मिसाइल का वीडियो भी हमें पसन्द आ जाए और हम उसे शेयर या लाइक कर दें। या हो सकता है कि कैंसर की पेचीदगियों के बारे में हमें कुछ भी नहीं मालूम हो, लेकिन यह मुमकिन है कि अगर हमें ऐसी कोई सूचना मिले कि कोई खास पत्ता खाने से कैसे किसी का कैंसर ठीक हो गया या किसी खास तरह का पाउडर कैंसर ठीक कर सकता है तो मुमकिन है कि हम उसे शेयर कर दें। ऐसे ही मुमकिन है कि कानून-व्यवस्था के आँकड़ों के बारे में हमारी जानकारी शून्य हो, लेकिन अगर हमारे किसी प्रिय नेता ने यह ट्वीट कर दिया कि देश में बलात्कार अब लगभग बन्द हो गए हैं तो मुमकिन है कि हम इस बात को वायरल करने में जुट जाएँ।

खासकर इंटरनेट पर किसी सूचना के तेजी से फैलने या इंटरनेट की भाषा में वायरल होने के अनंत कारण हो सकते हैं। दरअसल यहाँ कुछ भी वायरल हो सकता है या वायरल किया जा सकता है। वायरल कंटेंट की रेंज बहुत बड़ी है। सिर्फ अच्छा सुर वायरल हो जरूरी नहीं है। सबसे बेसुरा लगनेवाला गाना भी वायरल हो सकता है और सुरीले गानों से ज्यादा वायरल भी हो सकता है। किसी कुत्ते का फिसलकर गड्ढे में गिर जाने का वीडियो भी लाखों लोगों तक पहुँच सकता है। मेडिकल फील्ड की वैज्ञानिक जानकारियाँ और नई खोज से ज्यादा वायरल अक्सर नीम हकीमी नुस्खे बन जाते हैं। नेता की गलत मौके पर आई छींक से लेकर अभिनेत्री का कपड़ा बदन से सरक जाना, कुछ भी लोकप्रिय हो सकता है।

लेकिन यह होता कैसे है और सोशल मीडिया या बाकी की दुनिया में कंटेंट वायरल करने में यूजर के तौर पर हमारी क्या भूमिका होती है? किसी कंटेंट का अच्छा-बुरा, चमकदार-फीका, सुन्दर-असुन्दर

होना इसकी अपनी प्रकृति से ज्यादा इस बात पर निर्भर करता है कि यूजर की दृष्टि में वह कंटेंट कैसा है। इसे इस तरह से समझा जा सकता है कि करेला का स्वाद अच्छा या बुरा नहीं होता। इसके स्वाद निर्धारण में कुक और खानेवाले की अन्तर्क्रिया के अलावा पब्लिक परसेप्शन की भी भूमिका होती है। इसके आधार पर किसी के लिए करेला स्वादिष्ट और किसी के लिए कड़वा हो सकता है। इसी तरह कुछ लोग वैक्सिनेशन को बच्चों के लिए उपयोगी मानते हैं, वहीं लोगों का एक हिस्सा इसे फार्मा कम्पनियों का षड्यंत्र या बच्चों को नपुंसक बनाने का तरीका मान सकता है।

किसी भी विषय पर जितना भी बेतुका क्यों न सोच लें, डिजिटल दुनिया में आपको आपके विचारों के समर्थक आम तौर पर मिल जाएँगे। शायद ही कोई आइडिया या विचार या सोच ऐसी हो, जिसके समर्थन में फेसबुक और व्हाट्सऐप पर कोई समूह या ग्रुप न हो। यह विचार आपकी नजर में कितना भी बेतुका या अतरंगी हो सकता है, लेकिन कुछ लोग मौजूद हो सकते हैं जो उसे लेकर पूरी शिद्दत के साथ आपस में चर्चाएँ कर रहे होंगे। यहाँ आपको ऐसे ग्रुप मिल जाएँगे जो यह मानते हैं कि उनके गुरु कभी नहीं मरेंगे या उनके गुरु मुर्दे को जिन्दा करते हैं। आपको यहाँ ऐसे ग्रुप मिल जाएँगे जो मानते हैं कि अश्वेत लोगों को खत्म कर दिया जाए तो धरती पर स्वर्ग उतर जाएगा। वहीं ऐसे ग्रुप भी मिल जाएँगे जो श्वेत लोगों से धरती को मुक्त करना चाहते हैं। कोई ग्रुप गोमूत्र में कैंसर का इलाज मानता है तो कोई ग्रुप बकरी के दूध में।

इंटरनेट या सोशल मीडिया आपको विचार वैविध्य के मामले में शायद ही कभी निराश करेगा। एक बार अगर आप उन लोगों के बीच पहुँच गए और वहाँ एंगेज होने लगे तो बाकी काम सोशल मीडिया कम्पनियाँ अपने एल्गोरिदम की वजह से कर देंगी और आपको वैसा

ही सोचनेवालों के बीच पहुँचा देंगी।

मिसाल के तौर पर अगर आप सोचते हैं कि नेहरू के दादा या इंदिरा गांधी के पति मुसलमान थे, तो आपको ऐसा सोचनेवाले कई लोग डिजिटल दुनिया में मिल जाएँगे। अगर आप इस विचार के आसपास ज्यादा समय बिताएँगे तो मुमकिन है कि आप ऐसे विचारोंवालों के बीच घिर जाएँगे और आपकी धारणा पुष्ट होती चली जाएगी। अगर आपकी अपनी विचारधारा भी ऐसी है तो नेहरू के दादा मुसलमान थे कहनेवाले ग्रुप तक आपका पहुँचना आसान होगा या मुमकिन है कि आप खोजकर ऐसे किसी ग्रुप तक पहुँच जाएँ। मुसलमानों को लेकर अगर आपकी सोच में नकारात्मकता है और सोशल मीडिया में आपका व्यवहार अगर इस विचार के अनुरूप है तो ऐसे ग्रुप खुद ही आपको खोजते हुए आपके आसपास पहुँच जाएँगे। अगर आपके विचार में समलैंगिक सम्बन्ध सही हैं तो समान सेक्स के बीच विवाह का समर्थन करनेवाले ग्रुप तक आपकी पहुँच बन जाने की सम्भावना बहुत ज्यादा होगी। अगर आप अमेरिका में हैं और रिपब्लिकन हैं तो हिलेरी क्लिंटन वेश्यालय चलाती हैं जैसी अफवाह फैलानेवाले किसी ग्रुप तक आप पहुँच जाएँगे।

मुमकिन है कि आपको ऐसा लगने लगे कि देश और दुनिया के ज्यादातर लोग ऐसा ही सोचते हैं और यह असत्य हो ही नहीं सकता। इस क्रम में आप सूचना ग्रहण करने से लेकर सूचना प्रसारित करनेवाले तक की भूमिका में आ सकते हैं। एक यूजर के तौर पर कोई व्यक्ति किसी सोशल मीडिया कंटेंट को लाइक, रिट्वीट या शेयर करता है तो उसके पीछे कई तरह के प्रोसेस काम करते हैं।

इसमें दो प्रक्रियाएँ सोशल मीडिया की दृष्टि से महत्त्वपूर्ण हैं।

सोशल मीडिया पर जिनसे हम इंटरेक्ट करते हैं, वे अगर कोई बात फैला रहे होते हैं तो हम अक्सर उनके साथ प्रवाह में बह जाते हैं। मिसाल के तौर पर यह मुमकिन है कि मोहन किसी बात को महत्त्वपूर्ण

न मानता हो, या फिर किसी बात को लेकर उसकी अपनी कोई राय न हो, लेकिन वह आम तौर पर माइकल को समझदार मानता है या उसे लगता है कि माइकल सही बात बोलता है तो अपनी राय न होते हुए भी वह सोशल मीडिया पर माइकल की किसी बात को लाइक या शेयर या रिट्वीट कर सकता है। अब चूँकि माइकल और मोहन एक बात को आगे बढ़ाते नजर आ रहे हैं तो किसी और वजह से मोहन और माइकल से सहमति रखनेवाली रीना भी इनकी बात को शेयर या रिट्वीट कर दें, इसकी सम्भावना ज्यादा है। मोहन, रीना और माइकल जब एक बात को आगे बढ़ाते नजर आएँगे तो उनके या उनमें से किसी एक के दोस्त या परिचित होने के कारण नसीम भी इस लहर में शामिल हो जाए इसकी सम्भावना काफी है।

अब इस पूरी कड़ी को गौर से देखने से पता चलेगा कि माइकल की बात से मोहन, रीना, नसीम सहमत नहीं हैं या इस बारे में उनकी कोई राय नहीं है। लेकिन सोशल मीडिया में इस तरह उठनेवाली लहर में वे शामिल हो गए हैं। इस तरह, जब ट्विटर की ट्रेंड लिस्ट यानी टॉप 30 या टॉप 20 में कोई हैशटैग या बात जाती है तो उसके बाद उसे अपने आप समर्थन मिलने की सम्भावना बन जाती है। यह जरूरी भी नहीं है कि ऐसे किसी हैशटैग पर ट्वीट कर रहे लोग दरअसल उसके समर्थक होंगे। लेकिन अपने परिचितों या फिर ढेर सारे लोगों को इस लहर पर सवार देखकर वे भी लहर पर सवार हो जाते हैं।

ऐसा राजनीतिक हैशटैग के साथ अक्सर होता है। किसी भी देश की राजनीति की दो या अधिक मुख्य राजनीतिक धाराएँ होती हैं। ऐसे में जब भी किसी धारा को पसन्द आनेवाला कोई हैशटैग नजर आता है, उसके समर्थक उसके आसपास इकट्ठा होकर एक्शन करने लगते हैं। जरूरी नहीं है कि हर हैशटैग उन समर्थकों को पसन्द आ ही रहा हो, लेकिन उस विचार के समर्थकों से घिरे होने के कारण जब उन्हें

दिखता है कि आसपास ढेर सारे लोग किसी ट्रेंड के साथ हैं तो वे भी उस लहर में सवार हो जाते हैं। यह करने के पीछे उनका अपना तर्क हो, ऐसा जरूरी भी नहीं है।

सोशल मीडिया के जानकार ऐसी प्रवृत्ति को साइबर दुनिया में चलनेवाली लहरों की तरह मानते हैं।

इसके अलावा कई बार ऐसा भी होता है कि सोशल मीडिया पर चलनेवाले किसी ट्रेंड से कोई व्यक्ति सिर्फ इसलिए जुड़ जाता है क्योंकि वह उस समूह में अपनी विश्वसनीयता बनाए रखना चाहता है, जिस समूह के ज्यादातर लोग उस ट्रेंड को आगे बढ़ाने में लगे हों। इस क्रम में दरअसल कोई व्यक्ति खुद को किसी खास समूह में विश्वसनीय बनाए रखने की ख्वाहिश में किसी लहर पर सवार हो कर उसे वायरल बनाने में जुट जाता है। क्योंकि ऐसी स्थिति में किसी व्यक्ति का किसी लहर पर सवार न होना इस सन्देह का कारण बन जाता है कि वह किसी और विचार से जुड़ा हुआ तो नहीं है। ऐसा अक्सर तब होता है जब कोई ओपिनियन लीडर अपनी बात कहता है जो सही या गलत कुछ भी हो सकती है, और उसके ढेर सारे फॉलोवर या प्रशंसक सिर्फ इसलिए उसकी बात को आगे बढ़ा देते हैं क्योंकि वह बात उस ओपिनियन लीडर ने कही है।

दरअसल हर कंटेंट का एक क्रिटिकल मॉस होता है, जहाँ के बाद उसे वायरल करने के लिए किसी को प्रयास नहीं करना पड़ता। हर तरह के कंटेंट के लिए वह संख्या अलग-अलग होती है। किसी लेख को अगर सोशल मीडिया में 10,000 लोगों ने देख

सोशल मीडिया पर ज्यादातर लोग भीड़ के साथ खड़ा होना पसन्द करते हैं और जहाँ ऐसी भीड़ बनती नजर आती है, उसकी बड़ी भीड़ बन जाने की सम्भावना हमेशा ज्यादा होती है।

लिया तो कई लोग इस वजह से उसे और देख लेंगे कि 10,000 लोगों ने इसे देखा है। उसी तरह यूट्यूब पर किसी गाने के अगर 1 मिलियन व्यूज हैं तो स्वाभाविक जिज्ञासा की वजह से कई सारे और लोग भी उसे देख लेंगे और इस क्रम में उसके टोटल व्यूज और बढ़ जाएँगे, जो और भी नए लोगों को क्लिक करने के लिए उकसाएगा। यानी एक लहर कई सारी और लहरों को पैदा कर सकती है और किसी कंटेंट को वायरल या पॉपुलर बना सकती है।

इसका मतलब है कि सोशल मीडिया पर जो कंटेंट लाइक, शेयर, रिट्वीट या ट्रेंड के मामले में धनी होगा, उसे और ज्यादा लाइक, शेयर, रिट्वीट मिलने की सम्भावना होगी और वह इस मामले में और धनी होता चला जाएगा। वहीं जिस कंटेंट के पास यह सब कम होगा, वह गरीब बना रहेगा। इस मामले में अगर कोई कम्पनी या किसी तरह का साइबर सेल किसी कंटेंट को एक न्यूनतम स्तर की लोकप्रियता दिला देता है तो आगे का काम अक्सर उसके किसी प्रयास के बिना भी हो जा सकता है क्योंकि लोगों को लगेगा कि जिस कंटेंट के साथ इतने सारे लोग एंगेज हो रहे हैं, उसके साथ उन्हें भी जुड़ जाना चाहिए। यह बात ऑनलाइन फंड रेजिंग के साथ भी लागू होती है। जिस फंड रेजिंग कैंपेन को एक न्यूनतम रकम मिल जाती है, उसको ज्यादा फंड मिलने की सम्भावना होती है क्योंकि लोगों को लगता है कि जिस कैंपेन में इतने सारे लोग पैसा डाल रहे हैं, उसके साथ उन्हें भी जुड़ जाना चाहिए।

लोगों की इस प्रवृत्ति को समझते हुए कम्पनियाँ अक्सर ट्विटर पर सारे ट्रेंड के ऊपर अपना स्पॉन्सर्ड ट्रेंड चलाती हैं, क्योंकि उन्हें लगता कि ट्रेंड लिस्ट में जो बात सबसे ऊपर नजर आएगी, लोग उसे और आगे बढ़ाएँगे। चूँकि स्पॉन्सर्ड ट्रेंड के साथ नम्बर नहीं बताया जाता, इसलिए समझ पाना तो मुश्किल है कि टॉप पर रखे जाने की वजह से इन ट्रेंड को कितना फायदा होता है, लेकिन जब कम्पनियाँ यह करने

के लिए पैसे खर्च कर रही हैं तो यह माना जाना चाहिए कि निश्चित रूप से इससे कंटेंट को वायरल करने में मदद मिलती होगी।

राजनीतिक प्रतियोगिता की दृष्टि से देखें कि जब किसी क्षेत्र में ज्यादातर मीडिया प्लेटफॉर्म मुख्य मुकाबला दो दलों या कैंडिडेट के बीच बताने लगते हैं तो ढेर सारे वोटर जिनकी पहले से कोई राय नहीं होती है, या जो किसी अन्य दल या कैंडिडेट के साथ जुड़े थे, वे पहले दो नम्बर पर बताए गए उम्मीदवार के आसपास जुटने लगते हैं। यह बात सोशल मीडिया पर मिनटों में हो जाती है और हर दिन कई-कई बार होती है।

कई वेब प्लेटफॉर्म इसी मकसद से मोस्ट वाच्ड, मोस्ट शेयर्ड और मोस्ट कमेंटेड जैसे सेक्शन अपने होम पेज पर प्रमुखता से रखते हैं। इसका मकसद दर्शकों या पाठकों को यह बताना होता है कि कौन-सी चीज ज्यादा देखी जा रही है और किसके साथ ज्यादा लोग एंगेज हो रहे हैं। इन सेक्शन में जो कंटेंट ऊपर होता है उसे और भी नए दर्शक या पाठक मिल जाते हैं। यानी कि सोशल मीडिया पर ज्यादातर लोग भीड़ के साथ खड़ा होना पसन्द करते हैं और जहाँ ऐसी भीड़ बनती नजर आती है, उसकी बड़ी भीड़ बन जाने की सम्भावना हमेशा ज्यादा होती है। यह भीड़ अगर अपने जैसे लोगों से बनी है तो ऐसी स्थिति में लोग उस कंटेंट को वायरल करने में अपने आप जुट जाते हैं। इससे फर्क नहीं पड़ता कि वह कंटेंट सही है या गलत। बल्कि कोई व्यक्ति यह जानते हुए भी कि यह कंटेंट शायद सही नहीं है, भीड़चाल की वजह से इसे वायरल करने में जुट जाता है, ताकि अपने समूह के अन्दर उसकी पोजिशन ग्रुप के सदस्य वाली बनी रहे। या फिर इसके लिए इतना कारण भी काफी है कि मैं जिनको जानता हूँ वो जब इसे शेयर कर रहे हैं तो मुझे भी इसे शेयर कर देना चाहिए।

8

सोशल मीडिया के जमाने में रिश्ते

जोड़ियाँ आसमान से बनकर आती हैं और एक दिन अचानक पता चला कि वे आसमान में टूट भी जाती हैं। दोहा से बाली छुट्टियाँ मनाने जा रहे एक परिवार के साथ यह हो गया। उनका प्लेन जब आसमान में था, तब पत्नी ने सोये हुए पति का अँगूठा लगाकर उसके मोबाइल फोन का फिंगरप्रिंट कोड तोड़ लिया।

फोन में पति के विवाहेतर सम्बन्ध के तमाम सबूत बिखरे पड़े थे। उन्हें देखते ही पत्नी बिफर गईं। उसने इतना बवाल काटा कि प्लेन को बीच रास्ते, चेन्नई में उतारना पड़ा। पति, पत्नी और बच्चे को उतार दिया गया और प्लेन बाली की ओर उड़ गया।

या एक ऐसी स्थिति की कल्पना कीजिए जिसका जिक्र डायना ब्राउन ने अपने एक लेख में किया है। https://goodmenproject.com/featured-content/love-time-social-media-dbrw-lbkr/. कल्पना कीजिए कि आपके और आपके पार्टनर के बीच किसी सवाल पर झगड़ा हो गया हो। ऐसा झगड़ा कई बार हो चुका है और इस बार बात कुछ ज्यादा ही बढ़ गई है। अब दोनों लोग अलग-अलग बैठे हैं। आप टीवी के सामने बैठी हैं और कोई बोरिंग सा कार्यक्रम देख रही हैं। अब आपकी नजर आपके मोबाइल फोन पर जाती है आप इंस्टाग्राम पर अपनी टाइमलाइन पर स्क्रॉल करती हैं। अचानक

आपकी नजर आपके पार्टनर के पोस्ट पर पड़ती है जिसमें एक के बाद एक कई पोस्ट में आपका नाम लिए बगैर इस विवाद से जुड़ी बातें की हैं। इसमें आपको आपका नाम लिए बगैर बेहद क्रूर या बुरा इनसान बताया गया है और कमेंट करनेवाले यह पूछ भी रहे हैं कि रिलेशनशिप में यह क्या हुआ।

अब तक आपके पार्टनर को नहीं पता कि आप यह सब देख चुके हैं। कुछ समय बाद आपके पार्टनर ने वे पोस्ट डिलीट भी कर दिए, हो सकता है कि आप इनका जिक्र अपने पार्टनर से न करें। लेकिन आपको यह पता चल गया कि आपका पार्टनर आपसी झगड़ों को कभी भी सार्वजनिक कर सकता है। इस तरह आपके रिश्तों में एक स्थायी दरार आ जाती है।

दरअसल ऐसी हजारों या लाखों स्थितियों से मानवीय रिश्ते इन दिनों गुजर रहे हैं, जहाँ सोशल मीडिया और वहाँ लोगों का व्यवहार रिश्तों को निर्धारित कर रहा है, उन्हें मजबूत बना रहा है, या उन्हें तोड़ रहा है।

सम्बन्धों की नई दुनिया में, जिसमें अब मोबाइल फोन, सोशल नेटवर्क और व्हाट्सऐप जैसे चैटिंग नेटवर्क का न सिर्फ प्रवेश हो चुका है, बल्कि उनमें सम्बन्धों को बनाने और बिगाड़ने की ताकत आ गई है। अब कसमें-वादे-प्यार-वफा सब कुछ स्क्रूटनी यानी जाँच के दायरे में है। हमारे जीवन में मोबाइल फोन और इंटरनेट अब हड्डियों के अन्दर तक समा गया है। हमारी हर हरकत, यहाँ तक कि सोचने का तरीका तक अब अपने डिजिटल फुटप्रिंट छोड़ जा रहा है।

हमारे सर्फिंग बिहेवियर से हमारे व्यक्तित्व के बारे में तमाम जानकारियाँ ली जा सकती हैं। वे जानकारियाँ भी, जिन्हें हम अन्यथा छिपा ले जाते हैं। मिसाल के तौर पर, यह मुमकिन है कि हम सार्वजनिक जीवन में एकनिष्ठ पति या पत्नी की भूमिका जी रहे हैं और एकान्त में डेटिंग साइट पर सेक्स खोज रहे हों।

यह एकान्त अब दरअसल टूट गया है।

यह इस कदर टूट गया है कि गूगल जैसे सर्च इंजन और फेसबुक, ट्विटर, इंस्टाग्राम और व्हाट्सऐप हमारे बारे में हमसे भी ज्यादा जानने लगे हैं। हम किस तरह की खबरें देखते हैं, इंटरनेट पर कैसी तस्वीरें देखते हैं, वीडियो देखने में हमारी क्या पसन्द है, कैसे गाने सुनते हैं, क्या सामान खरीदते हैं, किन सामानों को सिर्फ देखते हैं, पर खरीदते नहीं है, किनसे बात करते हैं, किनसे सिर्फ रात में बात करते हैं, किनसे लम्बी और किनसे छोटी बात करते हैं, दो लोगों के बीच किस तीसरे आदमी से बात करते हैं, किससे बात होने के बाद अक्सर उसे फोटो भेजते हैं, किनसे बातचीत के बाद ऑनलाइन शॉपिंग करते हैं, किनसे बातचीत के बाद पोर्न देखते हैं...यानी सब कुछ के डिजिटल निशान हम छोड़ते जा रहे हैं।

ऐसे समय में अगर सम्बन्धों पर इन डिजिटल निशान की छाया पड़ रही है तो इसमें आश्चर्य की कोई बात नहीं है। हमारे सर्फिंग, चैटिंग और सोशल नेटवर्किंग बिहेवियर के आधार पर, हमारा पार्टनर हमारे बारे में राय बनाने के लिए पहले की तुलना में बेहतर पोजिशन में है। अगर हमारा फोन और सोशल और चैटिंग नेटवर्क के पासवर्ड हमारी पार्टनर के पास हैं तो इस बात के कम ही चांस हैं कि हम अपना असली चेहरा छिपा ले जाएँगे।

हो तो यहाँ तक रहा है कि अरेंज मैरिज में भी लोग सम्भवतः दूल्हे या दुल्हन के सोशल मीडिया बिहेवियर को जानने की कोशिश करते हैं और उसके आधार पर अपनी राय बनाते हैं।

> यह सही मायने में 'लव एंड मैरिज इन द टाइम ऑफ पासवर्ड' है। आपको और रिश्तों को भी सोशल मीडिया के साथ जीना सीखना होगा।

ये कहना तो शायद पूरी तरह सही नहीं होगा कि सोशल

मीडिया के कारण रिश्ते बिगड़ रहे हैं। रिश्तों में अगर पहले से कोई समस्या है, तभी सोशल मीडिया का उस पर असर होता है। सोशल मीडिया पर अगर कोई पार्टनर ज्यादा समय दे रहा है और रिश्तों पर कम समय दे रहा है तो भी यह सोशल मीडिया की नहीं, रिश्तों की समस्या है। सोशल मीडिया पर अगर कोई शख्स अपने पार्टनर की तुलना में औरों से ज्यादा संवाद में है और इसकी वजह से रिश्तों में समस्या आ रही है तो भी यह समस्या सोशल मीडिया की नहीं, रिश्तों की है। किसी एक्स के फोटो को क्लिक करना किसी रिश्ते में सामान्य बात हो सकती है और दूसरे रिश्ते में यह बात ब्रेकअप की वजह बन सकती है।

ऐसा कहा जा सकता है कि जिस आदमी के साथ आप रियल दुनिया में हैं, उसके व्यवहार को रियल दुनिया के उसके एक्ट से नापें। यानी आप इस बात को देखें ही नहीं कि आपका पार्टनर सोशल मीडिया में क्या कर रहा है। लेकिन सोशल मीडिया की बनावट ही ऐसी है कि आपको अपने पार्टनर की पोस्ट अपनी टाइमलाइन पर दिख जाएगी, क्योंकि दोनों के कॉमन फ्रेंड और लाइन और शेयर करने की उनकी आदतों के वजह से एल्गोरिदम आपको जोड़ देगा। अगर यह नहीं भी हुआ तो जानने की इच्छा की वजह से भी इस बात की काफी सम्भावना है, आप अपने पार्टनर की टाइमलाइन को देख आएँ। यानी सोशल मीडिया पर आपका और आपके पार्टनर का व्यवहार आपके रिश्तों को प्रभावित न करे, इसकी सम्भावना काफी कम है।

तो ऐसे समय में क्या करें? यह सही मायने में 'लव एंड मैरिज इन द टाइम ऑफ पासवर्ड' है। आपको और रिश्तों को भी सोशल मीडिया के साथ जीना सीखना होगा।

दो ही उपाय हैं। या तो अपना पासवर्ड छिपा ले जाएँ। इतने शातिर बनें कि सोशल और चैटिंग नेटवर्क का एक हिस्सा प्राइवेट रख लें। यह

जोखिम का धन्धा है। यह मुमकिन है कि आपका या आपकी पार्टनर आपसे तेज निकल जाए। आप गारंटी से नहीं कह सकते कि लम्बे समय तक आप अपनी चालाकी या शैतानी छिपा ले जाएँगे। अगर यह गलत है तो आपके पकड़े जाने की आशंका लगातार बनी रहेगी।

एक और उपाय यह है कि पार्टनर आपस में बैठकर यह तय कर लें कि उनका सोशल मीडिया व्यवहार कैसा होगा। यानी वहाँ क्या किया जा सकता है और क्या करना निषिद्ध है। क्या विपरीत सेक्स के लोगों के पोस्ट लाइक किए जा सकते हैं या नहीं? किनके पोस्ट शेयर किए जा सकते हैं और किनके नहीं? क्या किसी के पोस्ट शेयर करने से पहले पार्टनर की सहमति ली जाएगी? क्या अगर कोई खास आदमी बार-बार एक पार्टनर की फोटो को लाइक कर रहा है तो इसे दिक्कत की बात माना जाए या नहीं, आदि।

ये एक नई स्थिति है, जहाँ इनसानी सम्बन्धों, खासकर स्त्री-पुरुष सम्बन्धों को लेकर नई चुनौतियाँ आ गई हैं। तलाक और सम्बन्ध विच्छेद तो पहले भी होते थे। लेकिन अब उनमें एक और नया पहलू जुड़ गया है। सबसे बड़ी बात यह है कि सोशल मीडिया में ऐसे सबूत भी छूट जाते हैं जो सम्बन्ध विच्छेद का आधार मुहैया करा देते हैं! इन सबूतों की अदालतों में भी मान्यता हो सकती है।

तो फिर क्या करें? भलाई इसी में है कि साफ-सुथरी जिन्दगी बिताएँ। खासकर तब जब आप कमिटमेंट से बँधे हैं या शादी में हैं। इसका सीधा सा मतलब है कि ऐसा कुछ न करें कि आपके या आपकी पार्टनर को पता चल जाए तो विमान की अनशेड्यूल्ड लैंडिंग करानी पड़े। इसका तरीका यह है कि फोन और सोशल तथा चैटिंग नेटवर्क के पासवर्ड शेयर करें। यह आपको साफ-सुथरा और नैतिक बने रहने में मदद करेगा। देखा जाए तो डिजिटल दुनिया ने रिश्ता ज्यादा ट्रांसपेरेंट बना दिया है।

मुद्दे की बात यह है कि पासवर्ड पार्टनर के साथ शेयर करें। अगर आप साफ हैं तो आपको कोई भय नहीं होना चाहिए। अगर आपने कचरा फैला रखा है तो पासवर्ड शेयर न करें और उस दिन का इंतजार करें, जब पार्टनर आपका अँगूठा फोन में सटाकर आपका फोन खोल ले और आपके फैलाए कचरे का दर्शन कर ले।

जो लोग पासवर्ड पार्टनर को नहीं बताना चाहते या चाहतीं, उनसे एक सवाल। आखिर आप छिपाना क्या चाहते हैं? आपकी जिन्दगी में ऐसे कौन-से राज हैं जो आप अपने पार्टनर को बताना नहीं चाहते। खैर, अगर छुपाना ही चाहते हैं तो आपकी मर्जी। आपने जिनके साथ जिन्दगी बिताने का फैसला किया है या जिनके साथ जिन्दगी बिता रहे हैं, उनसे आप कुछ भी छुपा क्यों रहे हैं?

लेकिन कुछ राज ऐसे हो सकते हैं, जिनका आपके या आपकी पार्टनर तक पहुँचना सही नहीं है। मिसाल के तौर पर अगर आप किसी डिफेंस की संस्था में काम कर रहे हैं तो हो सकता है कि आपका प्रोटोकॉल इस बात की इजाजत न दे कि आपके ऑफिशियल मेल कोई भी देखे। या हो सकता है कि आपके पास ऐसा कोई राज हो, जिसे जानना आपके अपने परिवार के लिए सही न हो। कुल मिलाकर यह एक जटिल स्थिति है।

9

फेक न्यूज औरों पर असर करती है, मुझ पर नहीं!

सोशल मीडिया अब हमारे जीवन में कई तरह से समा चुका है और हमारे जीवन को प्रभावित भी कर रहा है। शहरी ही नहीं, ग्रामीण जीवन तक में इसका असर है क्योंकि व्हाट्सऐप और फेसबुक-ट्विटर स्मार्ट फोन के जरिए लगभग हर क्षेत्र में पहुँच चुके हैं। भारत में डाटा की दरें सस्ती होने के कारण भी इसका इस्तेमाल खूब हो रहा है। लेकिन जो चीज हमारे जीवन में इतने गहरे प्रवेश कर चुकी है और करोड़ों लोग अपना ढेर सारा समय जहाँ बिता रहे हैं, तमाम तरह की सूचनाएँ, सच और झूठ, वहाँ से जान रहे हैं, उसका हमारे सोचने के तरीकों और व्यवहार पर किस तरह का असर हो रहा है?

सोशल मीडिया के सामाजिक, राजनीतिक असर को संख्या के जरिए नापने के उपकरण अभी तक पश्चिमी देशों में भी नहीं बन पाए हैं, जहाँ सोशल मीडिया पहले आया। मिसाल के तौर पर, 2016 में अमेरिकी राष्ट्रपति चुनाव में यह समझने की कोशिश की गई कि फेक न्यूज का मतदाताओं के वोटिंग व्यवहार पर किस तरह का असर हुआ होगा। इसके लिए किए गए शोध से यह तो पता चला कि इस तरह लोगों के सोचने के तरीकों को प्रभावित किया गया लेकिन यह समझने में खास मदद नहीं मिली कि चुनाव नतीजों को फेक न्यूज ने कितना प्रभावित किया होगा। इसी तरह सोशल मीडिया में किसी प्रचार को देखकर लोगों के

खरीदने या न खरीदने के फैसलों पर कितना असर पड़ता है, उसे नाप पाना भी आसान नहीं है।

लेकिन इस दिशा में कुछ शुरुआती काम हुआ है। इसके अलावा, कुछ अपेक्षाकृत पुरानी मनोवैज्ञानिक अवधारणाओं के आधार पर यह समझने की कोशिशें हुई हैं कि सोशल मीडिया कंजप्शन का लोगों के व्यवहार पर किस तरह का असर होता है। इस सन्दर्भ में डब्ल्यू. पी. डेविसन (1983) की *थर्ड पर्सन इफेक्ट* थ्योरी की काफी चर्चा होती है। यह सिद्धान्त मोटे तौर पर यह बताता है कि यूजर्स को ऐसा लगता है कि मॉस मीडिया या जनसंचार का खुद से ज्यादा असर औरों पर होता है यानी मीडिया में जो चीजें दिखाई और बताई जाती हैं वे सबसे कम असर हम पर करती हैं। उसकी तुलना में आसपास के लोग ज्यादा प्रभावित होते हैं और जो लोग हमसे दूर हैं, वे इनसे सबसे ज्यादा प्रभावित होते हैं।

इसका मनोवैज्ञानिक कारण सम्भवत: यह है कि हम अपने बारे में अच्छी धारणा रखते हैं और खुद को औरों की तुलना में ज्यादा सचेत और समझदार मानते हैं। अपनी इस छवि को पुख्ता करने के लिए लोग सोशल मीडिया पर लगातार अपने बारे में अच्छी बातें लिखते हैं, अच्छी तस्वीरें और खुद को स्मार्ट और सुन्दर दिखानेवाले एडिटेड वीडियो पोस्ट करते हैं। किसी आदमी की सोशल मीडिया टाइमलाइन देखकर ऐसा लग सकता है कि मानो वह एक शानदार आदमी है और उसके जीवन में सिर्फ अच्छी चीजें हो रही हैं। किसी आदमी की तस्वीरें उसके बारे में भ्रम पैदा कर सकती हैं क्योंकि यह मुमकिन हो कि वह शख्स अपनी फोटोशॉप की हुई या सैकड़ों खिंची हुई तस्वीरों में से कोई खास तस्वीर ही पोस्ट कर रहा हो क्योंकि वह अपनी कोई खास छवि को ही सोशल मीडिया में प्रसारित करना चाहता हो।

बहरहाल औरों से श्रेष्ठ और समझदार होने की सामाजिक तुलना

की यह पद्धति सोशल मीडिया के असर को भी प्रभावित करती है। इसके अलावा, सोशल मीडिया पर ज्यादातर कंटेंट यूजर जेनरेटेड होता है यानी सोशल मीडिया इस्तेमाल करनेवाले लोग खुद जो लिखते, बोलते, दिखाते हैं, वही सोशल मीडिया में ज्यादा होता है (हालाँकि इसके अलावा यूजर्स कई और तरह के लिंक भी पोस्ट करते हैं लेकिन यह लिंक भी उनकी पसन्द या नापसन्द वाले ही होते हैं)। यूजर जेनरेटेड कंटेंट से किसी आदमी के घिरे होने का यह मतलब भी होता है कि वह किसी खास कंटेंट को इस नजरिए से भी देखता है कि किसने उसे जेनरेट किया है यानी यहाँ सिर्फ बात महत्त्वपूर्ण नहीं है, बात करनेवाला भी महत्त्वपूर्ण है। इस मायने में सोशल मीडिया परम्परागत मीडिया से अलग है क्योंकि परम्परागत मीडिया–अखबार, रेडियो, टीवी से आनेवाली सूचनाओं को अक्सर व्यक्ति निरपेक्ष माना जाता है जब तक कि वह सम्पादकीय या कोई टॉक शो या ओपिनियन शो न हो।

सोशल मीडिया में मौजूद यूजर यह सोच सकता है कि किसी खास और कई सारे विषयों के बारे में उसकी समझ बाकी लोगों से बेहतर है, इसलिए वह उस विषय या विषयों के बारे में जब सोशल मीडिया पर कुछ देखता है तो उसे अपने ढंग से पूरी चेतना और समझदारी के साथ ग्रहण या रिजेक्ट करता है। लेकिन उसकी यही धारणा अन्य लोगों के बारे में नहीं होती। वह बहुत सहजता से यह मान सकता है कि किसी कम्पनी के विज्ञापन के झाँसे में वो तो नहीं आएगा, लेकिन लाखों लोगों पर उस विज्ञापन का असर हो जाएगा।

> लोगों को लग रहा है कि फेक न्यूज असर करती है। लेकिन यह असर उन पर नहीं, 'बाकी लोगों' पर होता है।

इसका एक दिलचस्प उदाहरण अमेरिका में मिलता

है। वहाँ की प्रमुख सर्वे एजेंसी प्यू रिसर्च (2016) ने जब लोगों से फेक न्यूज के बारे में पूछा तो 88 फीसदी उत्तरदाताओं ने कहा कि इनकी वजह से भ्रम फैलता है। उनमें से एक-चौथाई ने यह भी कहा कि उन्होंने कभी न कभी किसी राजनीतिक फेक न्यूज को शेयर भी किया है। लेकिन इन उत्तरदाताओं को फेक न्यूज की पहचान करने की अपनी क्षमता पर जबर्दस्त भरोसा है। 39 फीसदी लोगों ने कहा कि वे हर हाल में फेक न्यूज की पहचान कर लेंगे। 45 फीसदी को लगता है कि वे फेक न्यूज को आम तौर पर पहचान लेंगे। 9 फीसदी अपने बारे में आश्वस्त नहीं थे। जबकि सिर्फ 6 फीसदी ने माना कि वे फेक न्यूज को नहीं पहचान पाएँगे।

इन आँकड़ों से एक दिलचस्प तस्वीर सामने आती है। ज्यादातर लोग मान रहे हैं कि फेक न्यूज का असर हो रहा है। लेकिन साथ ही ज्यादातर लोग यह भी मान रहे हैं कि वे फेक न्यूज की पहचान कर लेंगे। यह थर्ड पर्सन इफेक्ट यानी टीपीई का सटीक उदाहरण है। दरअसल लोगों को लग रहा है कि फेक न्यूज असर करती है। लेकिन यह असर उन पर नहीं, 'बाकी लोगों' पर होता है।

ये 'बाकी लोग' कई बार दूसरी पार्टियों के लोग होते हैं तो कई बार दूसरे वैचारिक खेमे के लोग होते हैं। वे 'बाकी लोग' भिन्न सामाजिक या आर्थिक पृष्ठभूमि के या भिन्न शैक्षणिक योग्यता वाले हो सकते हैं। भारत में फेक न्यूज का अध्ययन करनेवाले प्रतीक सिन्हा ने जब चर्चित फेक न्यूज की लिस्ट बनाई तो उसमें हालाँकि ज्यादातर फेक न्यूज बीजेपी को फायदा पहुँचानेवाली थीं, लेकिन ऐसा भी नहीं है कि कांग्रेस या विरोधी पक्ष को फायदा पहुँचानेवाली फेक न्यूज नहीं फैलाई गईं। अगर सोशल मीडिया पर फेक न्यूज फैलाने का कोई असर नहीं होता, तो पार्टियाँ और उसके समर्थक इस काम को इतनी शिद्दत से न करते। जाहिर है कि इनका असर

लोगों के विचार निर्माण की प्रक्रिया पर पड़ता है और मतदान के व्यवहार पर भी यह असर डालता होगा, लेकिन जैसा कि इस अध्याय की शुरुआत में ही लिखा गया है कि इस असर को मापने का कोई तरीका अब तक सामने नहीं आ पाया है क्योंकि व्यक्ति के तौर पर इसका आकलन तो फिर भी सम्भव हो सकता है लेकिन समूह में हर व्यक्ति की विचार निर्माण की प्रक्रिया अलग-अलग होने और ढेर सारे पहलुओं के उसमें समाहित होने के कारण यह समझ पाना मुश्किल है कि किसी खास सूचना या फेक न्यूज का किसी समूह पर कितना असर होता है।

एमएम जैंग और जेके किम (2018) का शोध इस मामले में एक और नजरिया सामने लाता है। उन्होंने अमेरिका में 1299 लोगों के सैंपल साइज पर किए गए शोध में पाया कि जो लोग यह मानते हैं कि फेक न्यूज का असर औरों पर ज्यादा होता है, वे लोग फेक न्यूज से निपटने के लिए मीडिया लिट्रेसी यानी लोगों में जागरूकता लाए जाने के पक्षधर हैं। इंटरनेट और सोशल मीडिया सेंसरशिप या रेगुलेशन के लिए उनमें कोई खास रुझान नजर नहीं आया। इसका मतलब है कि जो लोग यह मानते हैं कि मीडिया कंटेंट का ज्यादा असर औरों पर होता है, उनकी धारणा बाकी लोगों के बारे में यह है कि वे अबोध हैं और मीडिया कंटेंट से वे प्रभावित हो जाएँगे। यह एक दिलचस्प तथ्य है कि जो लोग यह मानते हैं कि सोशल मीडिया का असर खुद से ज्यादा औरों पर होता है, वे रेगुलेशन या सेंसरशिप की ज्यादा वकालत क्यों नहीं करते। इसकी एक सम्भावित व्याख्या यह हो सकती है कि उनकी राय में मीडिया में कही गई सच और झूठ बातों का फर्क वे कर सकते हैं और जो अबोध हैं उनकी वजह से सबका कंटेंट रेगुलेट या सेंसर क्यों किया जाए।

राजनीतिक फेक न्यूज के मामले में थर्ड पर्सन इफेक्ट काफी

असरदार तरीके से काम करता है। मिसाल के तौर पर सेकुलर विचारों के लोगों के लिए अन्य लोग वे हैं जिन्हें वे कम्युनल या उग्र राष्ट्रवादी कहते हैं। *थर्ड पर्सन इफेक्ट* के कारण सेकुलर समूह के लोगों को लगता है कि फेक न्यूज या सोशल मीडिया के फर्जी कंटेंट कम्युनल या उग्र राष्ट्रवादी लोगों को ज्यादा प्रभावित करते हैं और वही लोग फेक न्यूज ज्यादा शेयर करते हैं। लेकिन इस सोच का असर यह भी होता है कि अपने खेमे के लोगों की हर बात पर वे भरोसा करते हैं और इस खेमे से आनेवाली फेक न्यूज को सच मानकर वे उसे शेयर कर देते हैं। ठीक यही बात कम्युनल या उग्र राष्ट्रवादियों के साथ भी होती है। वे सोच ही नहीं पाते कि अपने खेमे से आनेवाली कोई खबर फेक हो सकती है। इस तरह दोनों खेमे अपने-अपने विचारों को पुष्ट करनेवाली फेक न्यूज के प्रचार-प्रसार में भागीदार बन जाते हैं।

दोनों ही खेमे के लोगों को फेक न्यूज से शिकायत है, लेकिन सिर्फ उस फेक न्यूज से जो दूसरे वैचारिक खेमे से चलकर आई हो।

10

फेक न्यूज का लोकतंत्र पर गहराता साया

क्या आपने कभी सोचा है कि देश की हर पॉलिटिकल पार्टी के पास अपना आईटी सेल और सोशल मीडिया सेल क्यों है? सोशल मीडिया में आखिर ऐसी कौन-सी ताकत है कि प्रधानमंत्री ही नहीं, विधायक बनने की महत्त्वाकांक्षा रखनेवाला नेता भी ट्विटर और फेसबुक पर पोस्ट लिखता या लिखवाता है और व्हाट्सऐप पर सक्रिय रहता है। सोशल मीडिया पर किसी नेता का अपमान हो जाए या कोई अभद्र या अश्लील टिप्पणी लिख दी जाए, तो वह या उसके समर्थक नाराज क्यों हो जाते हैं? सोशल मीडिया में की गई टिप्पणियों की वजह से गिरफ्तारियाँ क्यों की जाती हैं?

इंटरनेट या सोशल मीडिया को जो भी लेखक या चिन्तक आभासी दुनिया या वर्चुअल वर्ल्ड मानते हैं, उन्हें एक बार फिर से अपनी स्थापना पर पुनर्विचार करना चाहिए। पॉलिटिकल कम्युनिकेशन के क्षेत्र में इंटरनेट और सोशल मीडिया पर बेहद सरगर्मी है। इस बात का अध्ययन अभी होना है कि राजनीतिक संवाद किस माध्यम से सबसे ज्यादा हो रहा है, लेकिन इसमें कोई शक नहीं है कि सोशल मीडिया अब इस क्षेत्र में अपनी जगह बना चुका है।

नागरिकों के बीच आपसी संवाद का लोकतंत्र में महत्त्व असन्दिग्ध है। प्राचीन लोकतंत्र, जैसे रोमन शहर लोकतंत्र में जिन लोगों को

नागरिक माना गया, वे सभी नियमित रूप से सभाएँ करके शासन से लेकर पड़ोसी इलाकों के साथ युद्ध करने से लेकर, न करने तक के फैसले किया करते थे। यह बात और है कि रोमन साम्राज्य में गुलामी प्रथा थी और इसकी वजह से आबादी के बड़े हिस्से को इन चर्चाओं में शामिल होने का अधिकार नहीं था। इसके अलावा सम्पत्ति का एक खास स्तर जिनके पास होता था, वही इन बहसों के हिस्सेदार होते थे। इन बहसों में शासन की नीतियाँ बनती थीं और नागरिक उन लोगों का भी चयन करते थे, जिन्हें वे खुद के ऊपर शासन करने के लिए चुनते थे। इन बहसों में मतदान की भी परम्परा थी, इसलिए अक्सर वही पक्ष इन बहसों में जीतता था, जिसके तर्क दमदार होते थे या जिसके तर्क ज्यादातर लोगों को पसन्द आते थे।

भारत में भी बौद्ध काल में कई गणराज्य थे और वहाँ भी संसद, कमेटी सिस्टम और मतदान जैसी व्यवस्थाएँ थीं। भारत की संविधान सभा में जब इस बारे में चर्चा हुई कि भारत ने अपनी भावी शासन प्रणाली पश्चिमी लोकतंत्र से ली है तो इसके जवाब में ड्राफ्टिंग कमेटी के चेयरमैन बाबासाहेब डॉ. बी.आर. आंबेडकर ने कहा था कि—हमने जो लोकतांत्रिक प्रणाली अपनाई है, उसकी कई संस्थाएँ और प्रक्रियाएँ बौद्ध गणराज्यों से ली गई हैं।

लेकिन आधुनिक लोकतंत्र, खासकर बड़े देशों में यह सम्भव नहीं है कि सारे नागरिक आपस में चर्चा करें और हर विषय पर राय बनाएँ। रेफरेंडम यानी जनमत संग्रह भी कभी-कभार होनेवाली चीज है। भारतीय गणराज्य में अब तक किसी विषय पर रेफरेंडम नहीं हुआ है और संविधान में इसका प्रावधान भी नहीं है। ब्रिटेन में 2016 में इस बात के लिए रेफरेंडम ब्रेक्जिट हुआ जिसमें नागरिकों से पूछा गया कि ब्रिटेन को यूरोपियन यूनियन में रहना चाहिए या नहीं? लेकिन यह कभी-कभार होनेवाली घटना है। यह न सिर्फ समयसाध्य और जटिल

प्रक्रिया है, बल्कि इसमें खर्च भी काफी आता है। ब्रिटेन में हुए उस रेफरेंडम के बारे में भी यह माना जाता है कि सोशल मीडिया के जरिए उसे प्रभावित करने की कोशिश की गई थी।

आधुनिक लोकतंत्र में लोग चुनाव के जरिए एक नियत समय के लिए अपने प्रतिनिधि चुनते हैं जो उस खास अवधि शासन करते हैं या कहें कि देश का शासन सँभालते हैं। इस प्रणाली में मुख्य रूप से दो विधियाँ हैं: राष्ट्रपति शासन, जिसमें नागरिक सीधे शासनाध्यक्ष चुनते हैं। दूसरी प्रणाली को संसदीय प्रणाली कहा जाता है, जिसमें नागरिकों के चुने हुए प्रतिनिधि प्रधानमंत्री चुनते हैं और प्रतिनिधियों के बहुमत का समर्थन प्राप्त होने तक वह देश के शासन का नेतृत्व करता है।

लोकतांत्रिक शासन प्रणाली में चूँकि नागरिक अपने लिए सरकार चुनते हैं, इसलिए यह बहुत महत्त्वपूर्ण हो जाता है कि इसके लिए वे अपनी राय कैसे बनाते हैं। इसी बिन्दु पर मॉस मीडिया की भूमिका महत्त्वपूर्ण हो जाती है। चूँकि शासन से सम्बन्धित विचार-विमर्श यानी पब्लिक स्फीयर की लोकतांत्रिक शासन प्रणालियों में भूमिका है, इसलिए यह लोकतांत्रिक महत्त्व का प्रश्न है कि यह विचार-विमर्श कैसे हो रहा है। इस सन्दर्भ में यह सवाल पूछे जा सकते हैं :

- क्या लोगों का आपसी संवाद अबाध है?
- क्या इस संवाद में सभी आवाजों का महत्त्व समान है?
- क्या इस संवाद पर किसी का नियंत्रण है?
- क्या इस संवाद को गलत तथ्यों के आधार पर प्रदूषित या प्रभावित किया जा रहा है?

अबाध संवाद : लोकतंत्र में अबाध संवाद का महत्त्व असन्दिग्ध है। तकनीकी रूप से यह सम्भव नहीं है कि किसी देश में हर नागरिक

दूसरे नागरिक से मिले और उसे अपनी बात बताए। मिसाल के तौर पर, किसी लोकसभा सीट पर जहाँ दस लाख वोटर हों, वहाँ यह सम्भव नहीं है कि हर वोटर दूसरे वोटर से मिले और आपसी विमर्श से यह तय करे कि शासन कैसा चल रहा है और किस प्रतिनिधि को चुनना है। लेकिन सिद्धान्त के तौर पर यह सुविधा होनी चाहिए कि हर व्यक्ति दूसरे व्यक्ति से मिल पाए। अगर किसी नागरिक पर ऐसी पाबन्दी हो या फिर संवाद की संरचना ऐसी हो कि वह दूसरे, तीसरे या चौथे नागरिक तक अपनी बात न पहुँचा सके और दूसरे नागरिक की बात उस तक न पहुँच पाए तो इसे संवाद का बाधित यानी रिस्ट्रिक्टेड होना माना जाएगा। नागरिकों के पास इस बात की सुविधा होनी चाहिए कि तमाम तरह के विचार और धारणाएँ उन तक पहुँचें और इनके बीच वे अपनी धारणा बनाएँ। मिसाल के तौर पर किसी चुनाव क्षेत्र में अगर एक प्रत्याशी ने तमाम अखबारों में स्पेस खरीद लिया हो या पेड न्यूज के जरिए तमाम अखबारों में सिर्फ अपने पक्ष में खबरें छपवा रहा हो, तो ऐसी स्थिति में नागरिकों के लिए सही प्रतिनिधि चुनना मुश्किल हो जाएगा, क्योंकि जिन अखबारों पर वे भरोसा करते रहे हैं, वे सारे अखबार किसी खास प्रतिनिधि की तारीफ छाप रहे होंगे और बाकी प्रत्याशियों के बारे में नकारात्मक खबरें छप रही होंगी।

विचार और अभिव्यक्ति की समान स्वतंत्रता : भारत ही नहीं, दुनिया के ज्यादातर लोकतंत्र में नागरिकों को विचार और अभिव्यक्ति की स्वतंत्रता है। भारत में तो इसे नागरिकों के मौलिक अधिकारों के अध्याय में शामिल किया है। संविधान का आर्टिकल 19(1) नागरिकों को विचार और अभिव्यक्ति की स्वतंत्रता देता है। लेकिन इसके साथ कुछ वाजिब पाबन्दियाँ भी लगाई गई हैं। यह पाबन्दियाँ इन मामलों में लगाई जा सकती हैं—भारत की सम्प्रभुता और एकता के लिए, राष्ट्र

की सुरक्षा के लिए, विदेशी राष्ट्रों के साथ दोस्ताना सम्बन्धों के हित में, सार्वजनिक व्यवस्था, शुचिता और नैतिकता के हित में, न्यायपालिका की अवमानना के मामले में, मानहानि के मामले में और अपराध के उकसावे के मामले में।

इन पाबन्दियों के अलावा नागरिकों को अपनी बात रखने या अभिव्यक्त करने की तमाम आजादियाँ हैं। संविधान निर्माताओं ने इस प्रावधान को संविधान में शामिल करते समय इस बात का जिक्र नहीं किया है कि नागरिकों को यह आजादी समान रूप से दी जाएगी। शायद यह माना गया था कि हर नागरिक के पास चूँकि अपनी बात रखने का अवसर है तो उसमें भेदभाव सम्भव नहीं होगा। लेकिन टेक्नोलॉजी ने अभिव्यक्ति की स्वतंत्रता में अलग-अलग स्तर यानी लेयर पैदा कर दिए हैं। इस बारे में अन्यत्र (अध्याय-13) में विस्तार से चर्चा की गई है। यह रोम या वैशाली की नगर सभा नहीं है, जहाँ हर व्यक्ति की बात सुनी जाएगी। हर किसी को बोलने की आजादी का अर्थ यह नहीं है कि हर किसी की बात का समान वजन होगा और हर किसी की बात दूसरों तक पहुँचेगी।

सूचनाओं और संचार माध्यमों पर नियंत्रण का प्रश्न : आधुनिक पश्चिमी लोकतंत्र की शुरुआत अगर फ्रांसीसी राज्य क्रान्ति (1789) से मानी जाए, तो उससे काफी पहले 15वीं सदी के मध्य (1440 के आसपास) में प्रिटिंग प्रेस का आविष्कार हो चुका था। यानी मॉस कम्युनिकेशन का इतिहास आधुनिक लोकतंत्र के इतिहास से पुराना है। चूँकि आधुनिक लोकतंत्र के आने के समय मॉस कम्युनिकेशन यानी किताबें, अखबार, पत्रिकाएँ और बड़ी संख्या में छापे गए पर्चे और पोस्टर मौजूद थे, इसलिए लोकतंत्र की प्रक्रियाओं में इनका असर हमेशा से मौजूद रहा। जिनके पास प्रेस और सूचना तथा संचार माध्यमों का

नियंत्रण होता है, उनके पास विचारों को प्रभावित करने की ज्यादा ताकत होती है। समाचार माध्यमों में जो एजेंडा हावी रहता है, उनका लोगों के बीच भी ज्यादा असर होता है। इस बारे में शोधकर्ताओं ने काफी काम किया है। *एजेंडा सेटिंग थ्योरी* को लेकर किए गए शोध में यह पता चला है कि अमेरिकी चुनाव के दौरान जो एजेंडे समाचार-पत्रों में छाए रहे, उन्हीं मुद्दों पर लोगों के बीच भी ज्यादा चर्चा रही। अखबारों के बाद रेडियो और टीवी समाचार और विचार को बड़ी आबादी तक पहुँचाने के माध्यम बने। एक समय यह कहा जाता था कि अमेरिका में राष्ट्रपति चुनाव के परिणाम टीवी स्टूडियो की बहसों में तय होते हैं। हालाँकि यह बढ़ा-चढ़ाकर कही गई बात लग सकती है, लेकिन इस बात में शक की गुंजाइश नहीं है कि समाचार माध्यम लोगों के विचारों पर और प्रकारान्तर में उनके वोटिंग बिहेवियर पर असर डालते हैं। हालाँकि इस बात को मापने का कोई जरिया नहीं बना है कि किसी समाचार को छापने या न छापने या दिखाने या न दिखाने का किसी व्यक्ति के वोटिंग व्यवहार पर कितना असर होता है।

अब संवाद का एक बड़ा माध्यम इंटरनेट और सोशल मीडिया है। इसमें और इससे पहले के माध्यमों में एक फर्क यह है कि अखबार के पाठक और रेडियो-टीवी देखने और सुननेवाले तक में एकतरफा संवाद होता है यानी इन माध्यमों में मालिक, सम्पादक, रिपोर्टर, एनाउंसर या एंकर तय करते हैं कि उन्हें कैसे और किस तरह से संवाद करना है और संवाद जिन लोगों तक पहुँच रहा होता है, यानी पाठक, श्रोता या दर्शक, वे निष्क्रिय होते हैं। इस मायने में कि वे संवाद को ग्रहण तो करते हैं, लेकिन अपनी बात कह नहीं पाते। सम्पादक के नाम पत्र जैसी नाम की इंटरेक्टिविटी का खास मतलब नहीं होता, क्योंकि उसे छापने या न छापने का निर्णय भी उनके हाथ में होता है, जिनका माध्यम पर नियंत्रण होता है।

सोशल मीडिया ने संवाद को दोतरफा या बहुआयामी बना दिया है। इसमें संवाद को ग्रहण करनेवाला भी अपनी प्रतिक्रिया आम तौर पर दे सकता है और वह बात दूसरे कई लोगों तक पहुँच सकती है। इस मायने में सोशल मीडिया का चरित्र अपेक्षाकृत लोकतांत्रिक जान पड़ता है जो एक हद तक है भी। इस वजह से सोशल मीडिया को लेकर शुरुआती दिनों में काफी उत्साह का माहौल रहा। इसकी एक बड़ी वज यह है कि इसने पब्लिशर यानी सूचना का वाहक बनने की शर्तें काफी नीची कर दीं। एक टीवी चैनल या रेडियो स्टेशन को खोलने और उसे चलाने का खर्चा करोड़ों रुपए में हो सकता है। इसी तरह एक अखबार या पत्रिका चलाना एक खर्चीला काम हो सकता है। अक्सर इन कामों में घाटा भी बड़ा होता है, इसके मुकाबले सोशल मीडिया के किसी प्लेटफॉर्म पर एकाउंट खोलकर अपना वीडियो, फोटो या टेक्स्ट डालने के लिए मामूली निवेश काफी होता है और अगर यह काम साइबर कैफे में किया जाए तो चन्द रुपए में अपनी बात लोगों तक पहुँचाई जा सकती है। इसके अलावा सोशल मीडिया को लेकर भारत में पाबन्दियाँ भी अपेक्षाकृत कम हैं। अखबार या टीवी या रेडियो के लिए कई तरह की अनुमति और लाइसेंस लेने की जरूरत होती है। जबकि सोशल मीडिया पर एकाउंट खोलने के लिए किसी सरकारी अनुमति या लाइसेंस की जरूरत नहीं है।

इन वजहों से सोशल मीडिया ने संवाद को एक हद तक लोकतांत्रिक बनाया है। लेकिन धीरे-धीरे इसकी सीमाएँ सामने आने लगी हैं। इस बारे में भाषाविद् और मीडिया के जानकार नोम चोम्स्की ने काफी पहले अनुमान लगा लिया था। उनकी किताब *मैन्युफैक्चरिंग कंसेंट* पर चर्चा करते समय जब उनसे यह पूछा गया कि क्या इंटरनेट के आने के बाद मीडिया पर कॉरपोरेट कंट्रोल खत्म हो जाएगा तो इस पर नोम चोम्स्की ने जो जवाब दिया उसका सार यह है कि आखिर इंटरनेट

कम्पनियाँ भी तो कॉरपोरेट ही हैं और वे भी मुनाफे और विचारधारा से ही संचालित हो रही हैं। लिहाजा इंटरनेट आने के बाद भी *प्रोपेगंडा मॉडल* के जरिए लोगों की राय बनाई जाती रहेगी।

यानी माध्यम बेशक बदल जाए, लेकिन नियंत्रण का स्वरूप नहीं बदलता। जो काम टीवी, फिल्म और अखबार कम्पनियाँ कर रही थीं और उनका संवाद और संचार पर जिस तरह का नियंत्रण और एकाधिकार था, वैसा ही एकाधिकार आज इंटरनेट और सोशल मीडिया कम्पनियों का है। परम्परागत मीडिया कम्पनियों ने समय रहते इंटरनेट और सोशल मीड़िया के महत्त्व को पहचान लिया। अब उन कम्पनियों का इंटरनेट और सोशल मीडिया पर खासा दबाव है। हालाँकि इन सबका संवाद की प्रक्रिया और लोकतंत्र के लिए क्या मतलब है इस बारे में दुनिया के कई देशों में गम्भीर बहसें चल रही हैं।

गलत सूचनाओं का संवाद पर असर : चूँकि विचार निर्माण में सूचनाओं का असन्दिग्ध महत्त्व है, इसलिए जरूरी है कि वे सूचनाएँ पुष्ट हों और तथ्यों पर आधारित हों। साथ ही सूचनाओं में सन्तुलन भी आवश्यक है क्योंकि किसी एक विचार, व्यक्ति या संस्था के पक्ष में चुने हुए तथ्यों को बड़ी संख्या में पेश करने का अर्थ है संवाद को एक पक्ष में झुका देना। यानी जरूरी नहीं है कि संवाद को प्रभावित करने के लिए गलत तथ्य ही पेश किए जाएँ। खास तरह के वास्तविक तथ्यों को प्रभावशाली तरीके से या बड़ी संख्या में पेश करके तथा दूसरे पक्ष को कम महत्त्व या स्थान देकर भी संवाद को प्रभावित करने का इच्छित लक्ष्य हासिल किया जा सकता है। एजेंडा सेटिंग का सिद्धान्त कितना असरदार है, इसे लेकर बहस हो सकती है, लेकिन कॉरपोरेट सेक्टर से लेकर राजनीतिक दल और लॉबी एजेंडा सेटिंग की कोशिश में निरंतर लगी रहती है।

पिछले कुछ वर्षों में पेड न्यूज एक बड़ी समस्या बनकर उभरा है। इसका मकसद समाचार माध्यमों में अपनी पसन्द की बात छपवाना या दिखाना है, जिसके बदले में कैश या किसी और तरीके से भुगतान किया जाता है या किसी तरह का पक्षपात मीडिया कम्पनी या उनके मालिकों के लिए किया जाता है। पेड न्यूज में दर्शकों या पाठकों को पता नहीं होता है कि वे जो सामग्री देख या पढ़ रहे हैं, उसके लिए किसी ने भुगतान किया है। पेड न्यूज की शक्ल बिलकुल न्यूज की तरह या मिलती-जुलती होती है, लेकिन वास्तव में वो खरीदी हुई सामग्री होती है। उसका इस्तेमाल कॉरपोरेट कम्पनियाँ करती आई हैं। वे समाचार के बीच में समाचार की शक्ल में ऐसी सामग्री छपवाती या ब्रॉडकास्ट करवाती हैं, जिनकी शक्ल न्यूज की तरह ही होती है। इसका भुगतान कई बार कैश तो कई बार बाद में दिए गए विज्ञापन की शक्ल में होता है। इसके अलावा सम्पादक या रिपोर्टर के लिए फ्री फॉरेन ट्रैवल जैसे तरीके भी अपनाए जाते हैं।

पेड न्यूज की ज्यादा चर्चा चुनावों के सन्दर्भ में होती है। 2009 के लोकसभा चुनाव में यह समस्या विकराल रूप में नजर आई। कई नेताओं और दलों ने अखबारों में स्पेस खरीद लिया और उसमें अपनी पसन्द की खबरें छपवाईं। एक ही खबर, बिलकुल उसी रूप में एक से ज्यादा अखबारों में भी नजर आई। कुछ अखबारों ने पैसे लेकर पहले किसी उम्मीदवार को जीतता दिखाया और बाद में ज्यादा पैसा मिलने पर दूसरे उम्मीदवार की बढ़त दिखा दी। समस्या की गम्भीरता को देखते हुए प्रेस कौंसिल ऑफ इंडिया ने एक जाँच कमेटी बनाई। उसकी रिपोर्ट में चूँकि कई अखबारों और मीडिया कम्पनियों के नाम थे, इसलिए प्रेस कौंसिल ने उसे छापने से मना कर दिया। बाद में उसे बदले हुए रूप में जारी किया गया।

पेड न्यूज में चूँकि उम्मीदवार खर्च करता है और इसका मकसद

चुनाव के दौरान मतदाताओं के विचारों को प्रभावित करना है, इसलिए यह विषय चुनाव आयोग के दायरे में भी आ गये तथा कुछ मामले कोर्ट में भी पहुँचे। पेड न्यूज के लिए उम्मीदवार जो खर्च करता है, उसे वह अपने चुनाव खर्च में शामिल नहीं करता क्योंकि पेड न्यूज के लिए मीडिया संस्थान कोई रसीद नहीं देते, यानी यह चुनावी कदाचार का भी मामला है। चुनाव आयोग ने इस बारे में ज्यादा जिम्मेदारी प्रेस कौंसिल को सौंप दी है। हर चुनाव क्षेत्र में और राज्य के स्तर पर चुनाव आयोग ऐसे लोगों को नियुक्त करता है जो चुनाव के दौरान पेड न्यूज पर किए जानेवाले खर्च पर नजर रखें। इस आधार पर चुनाव आयोग आवश्यक कार्रवाइयाँ भी करता है।

पेड न्यूज का चुनावों पर पड़नेवाला असर अब व्यापक चर्चा में है, लेकिन इसे रोक पाने का कोई तरीका नहीं बन पाया है। सबसे बड़ी समस्या पेड न्यूज की परिभाषा और उसकी पहचान को लेकर है। पेड न्यूज चूँकि न्यूज की शक्ल में छपता है और छापनेवाले और छपवानेवाले, दोनों का हित न्यूज के पेड होने की बात छिपाने में है, इसलिए यह पता करना मुश्किल है कि कौन-सी खबर पेड न्यूज है और किस खबर को छापने या दिखाने के पैसे लिये गए हैं।

सोशल मीडिया के आने के बाद इस विषय में कई और आयाम जुड़ गए हैं। एक उम्मीदवार अगर चुनाव के दौरान या उससे काफी पहले से अपने समर्थन में अभियान चलाने के लिए आईटी सेल नियुक्त करता है और उनको पैसा कैश में या नौकरी के वादे की शक्ल में देता है तो क्या इसे उम्मीदवार के चुनाव खर्च का हिस्सा माना जाएगा? कोई कैंडिडेट अगर सोशल मीडिया पर दमदार दिखने के लिए फॉलोवर या लाइक खरीदता है तो क्या इसके लिए किया गया महीने या वर्षों पुराना भुगतान पेड न्यूज है? इन पेचीदगियों के कारण पेड न्यूज को लेकर होनेवाली चर्चाएँ और विवाद को विराम

लग चुका है और अघोषित रूप से इसे चुनाव प्रक्रिया और लोकतंत्र का हिस्सा मान लिया गया है। सोशल मीडिया का महत्त्व दिन ब दिन बढ़ रहा है। चुनावों के समय में विभिन्न कैंडिडेट्स के एकाउंट्स को मॉनिटर किया जाता है।

2020 के दिल्ली विधानसभा चुनावों के समय इलेक्शन कमीशन ऑफ इंडिया द्वारा चुनाव लड़नेवाले कैंडिडेट्स के सोशल मीडिया एकाउंट्स पर नजर रखी गई थी। और यह कोशिश की गई थी कि कैंडिडेट मॉडल कोड ऑफ़ कंडक्ट (लोक प्रतिनिधित्व अधिनियम, 1951) का हनन तो नहीं कर रहे हैं। ऐसी ही एक ट्वीट के लिए भाजपा कैंडिडेट कपिल मिश्रा को नोटिस दिया गया था। और 48 घंटों के लिए उन पर चुनाव प्रचार करने पर रोक लगा दी गई थी और साथ में ट्विटर को ऐसी ट्वीट्स डिलीट करने के आदेश किये गए। पिछले लोकसभा चुनावों के समय अरविन्द केजरीवाल को भी एक ऐसी ही ट्वीट डिलीट करने के आदेश दिए गए। इन बातों से चुनाव में सोशल मीडिया के दखल का अन्दाजा लगाया जा सकता है।

हाल के वर्षों में फेक न्यूज इससे भी बड़ी समस्या बनकर उभरी है और इसमें सोशल मीडिया की बड़ी भूमिका रही है।

फेक न्यूज लोकतंत्र के लिए एक बड़ा खतरा बन गई है। लोकतंत्र में पब्लिक ओपिनियन का महत्त्व है और इसे शक्ल देने में मॉस मीडिया की महत्त्वपूर्ण भूमिका होती है। इसलिए मीडिया को लोकतंत्र का चौथा स्तंभ भी कहा जाता है। लेकिन मीडिया में अगर विश्वसनीय खबरें और सूचनाएँ न हों तो पब्लिक ओपिनियन के प्रदूषित होने का खतरा होता है। इसलिए लोकतांत्रिक देशों में मीडिया रेगुलेटर का विधान है जो इस बात पर नजर रखते हैं कि मीडिया सही तरीके से काम कर रहा है या नहीं। इसी दृष्टिकोण के तहत भारत की संसद ने प्रेस कौंसिल एक्ट पास किया और उसे प्रिंट मीडिया को रेगुलेट करने के लिए कई

अधिकार दिए। प्रेस कौंसिल का दायरा फिलहाल प्रिंट मीडिया तक सीमित है। अब इस बात की माँग हो रही है कि प्रेस कौंसिल का दायरा बढ़ाकर उसे मीडिया कौंसिल का रूप दिया जाए और टीवी, रेडियो और डिजिटल मीडिया को भी इसके दायरे में लाया जाए।

फेक न्यूज या फर्जी खबरों की कहानी सोशल मीडिया से पुरानी है। झूठी, भ्रामक और पक्षपातपूर्ण खबरों के जरिए जनभावनाओं को प्रभावित करने की कोशिश पहले भी होती रही है। अमेरिका में कई देशों के खिलाफ युद्ध से पहले जनमत को युद्ध के पक्ष में लाने के लिए किसी देश के खिलाफ भ्रामक खबरें फैलाने की परम्परा रही है। इराक के खिलाफ युद्ध से पहले ब्रिटेन और अमेरिका के अखबारों में और चैनलों पर ऐसी खबरें लगातार दिखाई गईं कि इराक के पास *वेपन ऑफ मॉस डिस्ट्रक्शन* यानी बड़े पैमाने पर लोगों को मार डालनेवाले हथियार और केमिकल हैं। बाद में साबित हुआ कि ऐसे हथियार इराक के पास नहीं थे। इससे भी बहुत पहले अमेरिकी अखबारों में एलियन के होने के बारे में लगातार फर्जी खबरें छपी थीं।

सोशल मीडिया के आने के बाद फर्जी खबरों के प्रचार और प्रसार में सघनता आई और उसकी रफ्तार भी बढ़ गई। अखबार या चैनलों की तुलना में सोशल मीडिया ज्यादा असरदार तरीके से फर्जी खबरों को लोगों तक पहुँचा सकता है। सोशल मीडिया की वजह से सूचना पहुँचाने की ताकत लाखों लोगों के हाथ में आ गई है। सूचनाओं के लोकतंत्र के लिहाज से यह अच्छी बात है। लेकिन परम्परागत मीडिया में, आम तौर पर जिस *गेटकीपर* की व्यवस्था के कारण फर्जी खबरों या मिस इनफॉर्मेशन को रोकने की एक प्रणाली होती है, वैसा कुछ सोशल मीडिया में नहीं होता। सूचनाओं को प्रसारण योग्य बनाकर लोगों के बीच पहुँचा देने के जिस काम के लिए पहले प्रिंटिंग प्रेस और रेडियो और टीवी स्टेशन की जरूरत होती थी, वह काम आज लगभग बिना

किसी खर्च या मामूली खर्च के कोई भी आदमी इंटरनेट और सोशल मीडिया के जरिए कर ले रहा है। इसके अलावा इसमें कोई भौगोलिक बाधा भी नहीं है। रूस या यूरोप की कोई संस्था या देश या वहाँ बैठे कुछ लोग अमेरिका या एशिया के किसी देश के चुनाव में ढेर सारी खबरें सोशल मीडिया के जरिए पहुँचा सकते हैं और चुनाव नतीजों को प्रभावित कर सकते हैं।

अमेरिका के 2016 के राष्ट्रपति चुनाव को रूस और मेसोडोनिया में बैठे लोगों द्वारा सोशल मीडिया पर मिस इनफॉर्मेशन के जरिए प्रभावित करने की कोशिशों की अमेरिका में जाँच चल रही है और इस बारे में ढेर सारे तथ्य सामने आए हैं। ब्रिटेन के यूरोपियन यूनियन से बाहर होने के जनमत संग्रह यानी ब्रेक्जिट को सोशल मीडिया पर मिस इनफॉर्मेशन के जरिए प्रभावित करने के आरोप भी लगे हैं।

हालात इतने गम्भीर हो चुके हैं कि यूरोपियन यूनियन ने एक हाई लेवल ग्रुप बनाकर इस समस्या का अध्ययन कराया है, जिसने कई उपाय सुझाए हैं जिससे मिस इनफॉर्मेशन की समस्या को नियंत्रित किया जा सके। हालाँकि यूरोपियन यूनियन की इस कमेटी का मानना है कि सरकारी नियमन के जरिए सोशल मीडिया को रेगुलेट करना सही नहीं होगा क्योंकि सरकारों को अगर यह अधिकार मिल गए, तो और भी गम्भीर समस्याएँ खड़ी हो सकती हैं। लेकिन कमेटी का मानना है कि मीडिया को विश्वसनीय बनाकर और लोगों के बीच मीडिया लिट्रेसी बढ़ाकर इस समस्या को काबू में करने की जरूरत है। समस्या की गम्भीरता को

सोशल मीडिया के जरिए आनेवाली मिस इनफॉर्मेशन अक्सर किसी परिचित व्यक्ति से होते हुए लोगों तक पहुँचती है और ऐसी गलत सूचनाओं को उस परिचित व्यक्ति की विश्वसनीयता भी मिल जाती है।

देखते हुए संयुक्त राष्ट्र की संस्था यूनिस्को ने फेक न्यूज के बारे में प्रशिक्षु पत्रकारों को प्रशिक्षित करने के लिए एक हैंडबुक जारी किया है। कई यूनिवर्सिटी में इसे लेकर शोध चल रहा है और रिपोर्ट प्रकाशित हुई हैं। इनमें लंदन स्कूल ऑफ इकोनॉमिक्स की रिपोर्ट काफी व्यापक है। कई देश सोशल मीडिया के नियमन को लेकर कानून बना रहे हैं और भारत में भी इसकी चर्चा है। हालाँकि यहाँ आईटी एक्ट में ऐसे प्रावधान हैं, जिनका इस्तेमाल सोशल मीडिया के जरिए नफरत फैलाने के खिलाफ हो सकता है।

सोशल मीडिया के जरिए फैलाई जानेवाली मिस इनफॉर्मेशन को लेकर जिस तरह की वैश्विक स्तर की चिन्ता नजर आ रही है, उससे यह तो स्पष्ट है कि लोकतंत्र के लिए यह वास्तविक खतरा बन चुकी है। लेकिन यह नहीं कहा जा सकता है कि इस वजह से लोकतंत्र संकट में है। ऐसे निष्कर्ष नहीं निकाले जा सकते कि किसी देश के चुनाव को फेक न्यूज के सहारे जीता जा सकता है। लेकिन चुनाव पर इसका असर पड़ता है, इसे लेकर कोई शक नहीं है।

सोशल मीडिया के जरिए फैलाई जानेवाली मिस इनफॉर्मेशन की प्रभावोत्पादकता या असर ज्यादा इसलिए है क्योंकि लोग सोशल मीडिया पर ढेर सारा समय बिताते हैं और उनके ऊपर किसी मिस इनफॉर्मेशन की बौछार की जा सकती है। दूसरी बात यह है कि सोशल मीडिया के जरिए आनेवाली मिस इनफॉर्मेशन अक्सर किसी परिचित व्यक्ति से होते हुए लोगों तक पहुँचती है और ऐसी गलत सूचनाओं को उस परिचित व्यक्ति की विश्वसनीयता भी मिल जाती है। अगर एक साथ कई आईडी से एक ही गलत सूचना आए और उन सूचना को बड़ी संख्या में लाइक और शेयर किया जाए तो किसी व्यक्ति को भ्रम हो सकता है कि वह सूचना सही होगी, जबकि मुमकिन है कि उस सूचना को वायरल करने में किसी संस्था या समूह का हाथ हो और

हो सकता है कि मशीनी एकाउंट यानी बॉट का प्रयोग उस सूचना को वायरल बनाने में किया गया हो।

हालाँकि कुछ फैक्ट चेकिंग वेबसाइट मिस इनफॉर्मेशन की पड़ताल कर रही है और तथ्यों को सामने लाने की कोशिश कर रही है। लेकिन मिस इनफॉर्मेशन को फैलानेवाले तंत्र के मुकाबले अक्सर वे कमजोर साबित होते हैं और उनकी पहुँच भी उन तमाम लोगों तक नहीं हो पाती, जहाँ तक मिस इनफॉर्मेशन पहुँच चुकी होती है।

11

सोशल मीडिया में जेंडर विमर्श

सोशल मीडिया यूजर्स के सर्फिंग व्यवहार में जेंडर के आधार पर किस तरह की प्रवृत्तियाँ हैं, यह शोध का विषय है और नया क्षेत्र होने के कारण उस क्षेत्र में किए गए शोध के निर्णायक और प्रामाणिक निष्कर्ष आने अभी बाकी हैं। लेकिन खासकर भारत में सोशल मीडिया में औरतों की उपस्थिति कई तरह से दर्ज हो रही है। जहाँ महिलाएँ सोशल मीडिया से प्रभावित हो रही हैं, वहीं वे सोशल मीडिया को बदल भी रही हैं।

भारत सचमुच एक दिलचस्प देश है। इसका दिलचस्प होना कई मायनों में है। मिसाल के लिए, कल्पना कीजिए एक ऐसे देश की, जहाँ दर्जनों गाँवों में लड़कियों और महिलाओं के मोबाइल फोन और इंटरनेट इस्तेमाल करने पर पाबन्दी है और उसी देश में लगभग तीन दर्जन शहरों में लड़कियाँ सोशल मीडिया पर चले #मेरीरातमेरीसड़क अभियान में शामिल होकर आधी रात को सड़कों पर निकल पड़ती हैं, वहाँ घूमती-टहलती हैं और सार्वजनिक जगहों पर दिन हो या रात, किसी भी समय अपने होने का लोकतांत्रिक दावा पेश करती हैं। सोशल मीडिया में चला ऐसा एक कोई हैशटैग अब देश भर की महिलाओं को आन्दोलित कर सकता है।

यह बात इसलिए और भी महत्त्वपूर्ण हो जाती है कि भारत के

बड़े हिस्सों में मोबाइल और इंटरनेट तक महिलाओं की पहुँच नहीं है और कुछ जगहों पर तो इसे लेकर सामाजिक पाबन्दी तक है। मिसाल के तौर पर, गुजरात के महेसाणा जिले के सुराज गाँव और उत्तर प्रदेश के गोंडा जिले के बसौली गाँव में पंचायत ने आदेश दिया कि महिलाएँ और लड़कियाँ मोबाइल फोन नहीं रखेंगी और सोशल मीडिया पर एक्टिव नहीं रहेंगी। हरियाणा और पश्चिमी उत्तर प्रदेश की खाप पंचायतें भी अक्सर ऐसे आदेश जारी करती रहती हैं। इनके पीछे हर बार यही तर्क होता है कि मोबाइल फोन और इंटरनेट की वजह से पश्चिमी संस्कृति का 'प्रकोप' बढ़ रहा है और औरतें तथा लड़कियाँ मनमानी कर रही हैं और कि इससे समाज और परिवार में प्रदूषण आ जाएगा।

दरअसल इंटरनेट और सोशल मीडिया सूचनाओं के अबाध प्रवाह का जरिया है, इसलिए अगर कोई महिला सोशल मीडिया पर है तो सिद्धान्त रूप में वह वो सब कुछ देख, सुन और पढ़ सकती है जो कोई पुरुष करता है। चूँकि परम्परा से यह माना गया है कि महिलाओं की यौनिकता और उनके व्यवहार को नियंत्रित करना है, इसलिए हर सामन्ती समाज कोशिश करता है कि महिलाओं तक चुनी हुई सामग्री ही पहुँचने दी जाए और वो सामग्री क्या होगी, इसका निर्धारण हमेशा पुरुष करते हैं।

इस वजह से खासकर भारत जैसे पिछड़े देश में महिलाओं की इंटरनेट, सोशल मीडिया और मोबाइल फोन तक पहुँच को नियंत्रित करने की तमाम तरह की कोशिशें होती हैं।

लेकिन जब महिलाओं के हाथ में स्मार्ट फोन पहुँच जाता है तो क्या होता है?

जाहिर है कि ढेर सारी महिलाएँ इंटरनेट और सोशल मीडिया पर वही करती हैं जो समाज, बल्कि खासकर पुरुष समाज उनसे उम्मीद

करता है। वे सोशल मीडिया और मैसेंजर्स पर कढ़ाई-बुनाई-रसोई की बातें करती हैं। किटी पार्टी के लिए एक-दूसरे से सम्पर्क करती हैं। पति और बच्चों से लगातार सम्पर्क में रहती हैं। गाने सुनती हैं। अपनी सुन्दर-सुन्दर तस्वीरें पोस्ट करती हैं। यहाँ तक कि महिलाओं के इंटरनेट से जुड़ने को लेकर किसी को समस्या नहीं होती। लेकिन कई बार वे यहाँ से आगे बढ़कर स्त्री-अधिकारों के बारे में बात करने लगती हैं, पितृसत्ता को लेकर विमर्श में शामिल हो जाती हैं, राजनीतिक हस्तक्षेप करने लगती हैं, पॉलिसी को लेकर अपना पक्ष रखने लगती हैं, अत्याचार के खिलाफ संगठित होने लगती हैं। यह वो समय है जब महिलाओं की सोशल मीडिया पर उपस्थिति कुछ समूहों को असहज करने लगती है।

यही वो समय है जब सोशल मीडिया पर मौजूद महिलाओं को ट्रोल किया जाने लगता है। उन्हें लेकर अश्लील मीम बनाए जाने लगते हैं। उन्हें तरह-तरह की धमकियाँ दी जाती हैं। उनकी निजी जिन्दगी के पन्ने खोले जाने लगते हैं। उन्हें भद्दी गालियाँ दी जाती हैं। कोशिश यह होती है कि ऐसी महिलाओं को सोशल मीडिया से खदेड़ दिया जाए या फिर उनके बारे में कुछ ऐसी छवि बना दी जाए जो उनकी बाकी बातों पर भारी पड़ जाए।

मिसाल के तौर पर 2016 के जुलाई महीने में हजारों भारतीय औरतें *#NaturalSelfie* अभियान में अपनी बिना मेकअप वाली तस्वीरें फेसबुक और अन्य सोशल मीडिया मंचों पर अपलोड करती हैं। यह सुन्दरता के पुरुषवादी और बाजारवादी नजरिए को दी गई महत्त्वपूर्ण चुनौती है।

अब यह बात सोशल मीडिया में कई लोगों को पसन्द नहीं आई और उन्होंने इस अभियान से जुड़े लोगों को ट्रोल किया। ट्रोलिंग इंटरनेट और सोशल मीडिया पर महिलाओं की एक प्रमुख समस्या है, जिसके

दायरे में अश्लील गाली-गलौज से लेकर जान मारने की धमकी तक शामिल है। इसके बावजूद महिलाएँ सोशल मीडिया में लगातार अपने मुद्दे उठा रही हैं।

महिलाओं के खिलाफ होनेवाली ऑनलाइन हिंसा और उत्पीड़न एक बड़ी समस्या बन चुका है। नेशनल क्राइम रिकॉर्ड ब्यूरो के आँकड़े पहले ही बता चुके हैं कि यौन उत्पीड़न और बलात्कार के मामलों में ज्यादातर अभियुक्त परिचित या रिश्तेदार ही होते हैं। अब ऑनलाइन एब्यूज पर किया सर्वे भी बता रहा है कि महिलाओं को एब्यूज करनेवाले सबसे ज्यादा उनके अपने नजदीकी या परिचित होते है।

एमनेस्टी इंटरनेशनल ने इस बारे में कहा है कि "महिलाओं के खिलाफ जिस तरह रोजमर्रा के जीवन में हिंसा और गाली-गलौज होती है, उसी तरह ऑनलाइन हिंसा भी होती है। नीति निर्माताओं और सोशल मीडिया कम्पनियों को इस समस्या को समझना चाहिए और ऐसे उपाय करने चाहिए ताकि महिलाएँ ऑनलाइन कम्युनिकेशन करते हुए खुद को सुरक्षित महसूस करें।"

पूरी दुनिया के साथ ही भारत भी इंटरनेट क्रान्ति के दौर में है। इस समय हर चौथा भारतीय सोशल मीडिया से जुड़ा है और यह संख्या तेजी से बढ़ रही है। इनमें महिलाओं की खासी संख्या है। सोशल मीडिया अपने साथ ढेर सारी सुविधाएँ और अच्छी चीजों के साथ कुछ बुराइयाँ भी लेकर आया है। ऑनलाइन हिंसा और एब्यूज उनमें से प्रमुख है। सर्वे बताते हैं कि ऑनलाइन हिंसा और एब्यूज की ज्यादातर शिकार महिलाएँ हैं। मिसाल के तौर पर ब्रिटेन के गार्डियन अखबार ने विश्लेषण करके बताया कि ब्रिटेन में जिन 10 पत्रकारों को सबसे ज्यादा ऑनलाइन एब्यूज किया गया, उनमें से आठ महिलाएँ और 2 अश्वेत पुरुष थे।

भारत में होनेवाला कोई सर्वे भी ऐसे ही नतीजे लेकर आएगा। भारत में, जहाँ ज्यादातर गालियाँ महिला रिश्तेदारों या महिलाओं की देह को लेकर दी जाती हैं, वहाँ ऑनलाइन गालियों के मामले में भी केन्द्र में महिलाओं और उनकी देह का होना ही स्वाभाविक है। साइबर गुंडागर्दी से समाज के किसी भी तबके की महिला प्रभावित हो सकती है। महिला केन्द्रीय मंत्री से लेकर सोशलाइट और टीवी एंकर, अभिनेत्री और आम लड़की कोई भी साइबर बुलिंग का शिकार बन सकती है। इसके उदाहरण हमारे आसपास बिखरे पड़े हैं।

इनमें से भी कुछ खास महिलाओं को ज्यादा निशाने पर लिया जाता है। इंटरनेट डेमोक्रेसी प्रोजेक्ट का मानना है कि अगर कोई महिला अपने या समाज के मुद्दे पर लिखती-बोलती है या मुस्लिम या किसी वंचित समाज से या अगर कोई एलजीबीटी है तो उन्हें इंटरनेट पर ज्यादा गाली-गलौज का सामना करना पड़ता है। नारीवादी महिलाओं को गालियों का सामना ज्यादा करना पड़ता है। गाली-गलौज या निजी मामलों पर टिप्पणियों की महिलाओं पर पहली प्रतिक्रिया अक्सर यह होती है कि वे अपना एकाउंट या तो बन्द कर देती हैं या सोशल मीडिया से ही दूर चली जाती हैं। यह एक तरह के गालीबाजों की जीत है क्योंकि वे दरअसल यही चाहते भी हैं।

डोमेस्टिक वायलेंस का हिस्सा है ऑनलाइन एब्यूज

साइबर बुलिंग कई तरीके से की जाती है। इसमें महिलाओं की तस्वीरों से छेड़छाड़, गाली-गलौज, धमकी, ब्लैकमेलिंग, फेक प्रोफाइल बनाकर अभद्र सामग्री डालने से लेकर, स्पाई कैम से उतारी गई तस्वीरों और वीडियो को वायरल करना तथा अश्लील मैसेज तक शामिल हैं। साइबर बुलिंग पुरुषों के साथ भी हो सकती है, लेकिन महिलाओं के साथ यह अधिक होती है।

हालाँकि ऑनलाइन हिंसा और एब्यूज का हमेशा कोई राजनीतिक, धार्मिक या जातीय परिप्रेक्ष्य नहीं होता। न ही ऐसा है कि सिर्फ इन विषयों पर लिखने-बोलनेवालों को परेशान किया जाता है। विमेंस ऐड की चीफ एक्जिक्यूटिव पॉली नेत के मुताबिक ऑनलाइन एब्यूज और डोमेस्टिक वायलेंस के बीच की कड़ी की अक्सर अनदेखी की जाती है। ऑनलाइन ह्रासमेंट, साइबर बुलिंग और रियल लाइफ में महिलाओं के खिलाफ हिंसा में एक सम्बन्ध है। ऑनलाइन ह्रासमेंट भी डोमेस्टिक वायलेंस के व्यापक दायरे का ही एक हिस्सा है और इस स्त्रीद्वेष को चुनौती देने की जरूरत है।

विमेंस ऐड ने यूके में एक सर्वे किया जिसमें पाया कि 307 डोमेस्टिक वायलेंस सर्वाइवर्स में से 48 प्रतिशत महिलाएँ, रिलेशनशिप ख़त्म होने के बाद, उनके पूर्व पार्टनर द्वारा ऑनलाइन एब्यूज की गईं। 38 प्रतिशत को ऑनलाइन स्टॉक यानी पीछा किया गया। जबकि 45 प्रतिशत मामलों में महिलाएँ रिलेशनशिप में रहते हुए उनके पार्टनर्स द्वारा एब्यूज की गईं। तीन-चौथाई महिलाओं ने माना कि पुलिस को नहीं पता कि इस तरह की समस्या से कैसे निपटा जाए। 12 प्रतिशत महिलाओं ने पुलिस में रिपोर्ट की लेकिन उनकी कोई मदद नहीं हो सकी।

यह आँकड़ा बहुत महत्त्वपूर्ण है कि महिलाओं के एक्स पार्टनर ऑनलाइन एब्यूज और साइबर बुलिंग में आगे हैं। दरअसल, पार्टनर्स के पास एक-दूसरे के ढेर सारे डिजिटल फुटप्रिंट रह जाते हैं। इसलिए पुराने चैट के स्क्रीन शॉट या किसी संवेदनशील जानकारी का इस्तेमाल करके महिलाओं को परेशान किया जाता है। इस मायने में ये, फेसलेस

> भारत में इंटरनेट का मर्दाना स्पेस होना पब्लिक स्फियर में महिलाओं की कमजोर उपस्थिति से जुड़ा मामला है।

लोगों की साइबर बुलिंग से ज्यादा खतरनाक है। फेसलेस लोगों की अनदेखी करना आसान है। लेकिन परिचित लोग निजी जानकारियाँ सार्वजनिक करके ज्यादा नुकसान कर सकते हैं।

कम उम्र की महिलाएँ बनती हैं शिकार

एमनेस्टी इंटरनेशनल ने महिलाओं के ह्यूमन राइट्स पर खतरे को इन्वेस्टीगेट करने के लिए 18 से 55 साल की उम्र की 504 महिलाओं से ऑनलाइन पोल द्वारा साइबर एब्यूज के बारे में पूछा। सर्वे में पाया गया कि हर पाँच में से एक महिला सोशल मीडिया पर एब्यूज से प्रभावित है। वहीं, 18 से 24 साल की उम्र की महिलाएँ ज्यादा एब्यूज की शिकार हुईं। इस उम्र के समूह में 37 प्रतिशत महिलाओं ने कहा कि वो ऑनलाइन एब्यूज और ह्रासमेंट का शिकार हुई हैं। इस सर्वे से भी इस बात की पुष्टि हुई कि साइबर एब्यूज करनेवालों में परिचित लोगों की संख्या अच्छी-खासी (27 प्रतिशत) है।

साइबर बुलिंग किसी महिला को न सिर्फ मानसिक रूप से तोड़ सकती है, बल्कि उसे शारीरिक और आर्थिक नुकसान भी पहुँचा सकती है। इस बारे में किए गए सर्वे का नतीजा है कि एब्यूज की वजह से मनोवैज्ञानिक वेल बीइंग पर असर पड़ता है। एमनेस्टी के सर्वे में तो एक-तिहाई महिलाओं ने बताया कि साइबर बुलिंग के कारण वे अपनी सुरक्षा को खतरा महसूस करती हैं। आधी से अधिक महिलाओं ने तनाव, मानसिक अवसाद और अचानक चौंक जाने जैसी समस्याओं का जिक्र किया। लगभग दो-तिहाई महिलाओं ने नींद न आने की शिकायत की। सर्वे में शामिल हर पाँच में से एक महिला को लगता है कि इस वजह से उनकी नौकरी पर बुरा असर पड़ा है।

कानून मददगार क्यों नहीं?

साइबर क्राइम नए जमाने का अपराध है और हमारी पुलिस, जाँच एजेंसियाँ और न्यायिक संस्थाएँ इनसे निपटने के लिए तैयार नहीं है। आईटी एक्ट की धारा 66 ए के तहत साइबर बुलिंग के खिलाफ कार्रवाई मुमकिन थी। लेकिन यह धारा इतनी ढीली-ढाली थी कि इसके दायरे में आने से विचार और अभिव्यक्ति की स्वतंत्रता बाधित हो रही थी। इसलिए इस धारा को हटा दिया गया है। अभी ऐसे मामले आईपीसी की धाराओं के तहत निपटाए जा रहे हैं। महिला और बाल विकास मंत्रालय ने महिलाओं के अश्लील चित्रण से सम्बन्धित 1986 के कानून को संशोधित करने के लिए प्रस्ताव रखा है जिसमें सोशल मीडिया और सब्सक्रिप्शन के जरिए इंटरनेट पर देखी जानेवाली सामग्री को भी शामिल किया जाना है। प्रस्तावित कानून में 2 लाख रुपए जुर्माना और तीन साल की कैद का प्रावधान है। अगर ऐसा हुआ तो कानूनी एजेंसियों को महिलाओं के खिलाफ होनेवाले ऑनलाइन उत्पीड़न को रोकने का एक नया जरिया मिल जाएगा। इस संशोधन विधेयक को 2012 में राज्य सभा में पेश किया गया था। लेकिन इस पुस्तक को लिखे जाने तक यह संशोधन हो नहीं सका है।

इसलिए महिलाओं को मौजूदा कानूनी फ्रेमवर्क के अन्दर ही सोशल मीडिया में अपनी उपस्थिति दर्ज करानी पड़ती है और उसके लिए जोखिम उठाने पड़ते हैं। वे इस काम को बखूबी कर रही हैं और कई बार अपनी सामाजिक भूमिकाएँ भी निभा रही हैं।

भारत की महिलाओं ने, प्रभावशाली पुरुषों द्वारा स्त्रियों के यौन शोषण के खिलाफ चलाए गए #मीटू (मैं भी) अभियान में जमकर हिस्सा लिया। राया सरकार नाम की एक वकील ने तो एकेडेमिक क्षेत्र में प्रोफेसरों द्वारा किए जानेवाले यौन शोषण के आरोपों और

आरोपियों के नाम को सार्वजनिक करके भारतीय विश्वविद्यालयों में जबर्दस्त हलचल मचा दी।

मीटू महिलाओं का अपने शरीर और अपने अस्तित्व पर अपने हक को दर्ज कराने का सोशल मीडिया पर चला अभियान है, जिसमें वे उन नई-पुरानी घटनाओं को लिख-बता रही हैं, जब कभी किसी पुरुष ने उनकी सहमति के बिना उनके साथ शाब्दिक या शारीरिक या अन्य किस्म की जबर्दस्ती की और उनके शरीर या उनके अस्तित्व पर उनके अधिकार के सिद्धान्त का उल्लंघन किया।

मीटू मूवमेंट टैराना बर्क द्वारा 2003 में ऑफलाइन आन्दोलन के रूप में शुरू हुआ था, जिसका मकसद खासकर कम उम्र की लड़कियों के यौन शोषण की घटनाओं को सामने लाना था। लेकिन 2017 में जब हॉलीवुड की सबसे प्रभावशाली शख्सियतों में से एक हार्वे विंस्टिन द्वारा कई महिलाओं के साथ यौन शोषण और यौन हिंसा का मामला सोशल मीडिया में आया तो उस दौरान बर्क द्वारा शुरू किया गया नाम #MeToo नए सिरे से लोकप्रिय हो गया।

सोशल मीडिया अगर न होता तो जिस तरह से नामचीन और प्रभावशाली लोगों के यौन व्यवहार के वाकये सामने आए, वह शायद सम्भव न हो पाता। यहाँ तक कि राया सरकार ने ही जो लिस्ट सार्वजनिक की, वो लिस्ट किसी भी मुख्य धारा के मीडिया प्लेटफॉर्म में नहीं छप पाई। यानी मीटू मूवमेंट बेशक कुछ साहसिक महिलाओं ने चलाया, लेकिन यह सोशल मीडिया की वजह से ही इतना प्रभावशाली बन पाया। सोशल मीडिया ने यह सुविधा भी दी कि कई महिलाएँ गुमनाम रहकर अपनी बात कह पाईं।

इससे ठीक पहले कंगना राणावत ने ह्रितिक रोशन के साथ अपने रिश्तों की अनकही परतों को खोला तो महिलाओं ने इसे सोशल मीडिया पर जमकर उठाया और विवाह और विवाहेतर सम्बन्ध

पर अपनी बातें रखीं। ट्रोल द्वारा तमाम तरह की बातें कहे जाने के बावजूद कंगना राणावत ने अपना पक्ष मजबूती से रखा। ऐसी बहसें पहले भी होती थीं, लेकिन अब जब कभी ऐसी कोई बहस छिड़ती है कि महिलाओं के नजरिए पहले से कहीं ज्यादा मजबूती से सामने आते हैं।

यह सही है कि *#NaturalSelfie* और *#मेरी_रात_मेरी_सड़क* जैसे सोशल मीडिया कैंपेन का भारतीय समाज पर सीमित असर होता है। भारत की तीन-चौथाई आबादी अब भी इंटरनेट से दूर है और कई इलाकों में तो बिजली भी नहीं पहुँची है। इसके अलावा गरीबी रेखा से नीचे की आबादी के लिए भी ऐसे सोशल मीडिया कैंपेन का मतलब नहीं है। सोशल मीडिया की विश्वसनीयता का कम होना और इसके अफवाहबाजी के अड्डे के तौर पर तब्दील हो जाने की वजह से भी लोगों को ऐसे कैंपेन पर भरोसा कम जमता है। भारत के परम्परागत नारीवादी आन्दोलन की नेता और कार्यकर्ताओं का बड़ा हिस्सा अब तक या तो सोशल मीडिया से जुड़ नहीं पाया है, या फिर इसके महत्त्व को स्वीकारा नहीं गया है।

सोशल मीडिया कैंपेन के साथ यह भी एक बड़ी सीमा है कि यह पानी के बुलबुलों की तरह पैदा होते हैं और जल्द ही फूट भी जाते हैं। हैशटैग की उम्र बहुत छोटी होती है। चूँकि यह किसी संगठित अभियान का हिस्सा नहीं होते, इसलिए इन्हें चलानेवाली ताकतें भी अक्सर सक्रिय नहीं होतीं। इन सीमाओं के बावजूद सोशल मीडिया के फेमिनिस्ट एक्टिविस्ट अब महिला विमर्श पर असर छोड़ने लगी है।

यह सब होने में समय लगा है। महिलाओं की इंटरनेट में शुरुआती चहलकदमी फैशन, हेल्थ टिप्स, ब्यूटी टिप्स, बच्चे पालने की तरकीब, खाना बनाने की विधि जैसे विषयों पर थी। इस दौर में कई ब्लॉग और फिर फेसबुक पेज, ट्विटर हैंडल और यूट्यूब चैनल इन विषयों

पर बने। हालाँकि इसके साथ ही महिला विषयों पर *चोखेर बाली* जैसे बागी ब्लॉग भी चल रहे थे, लेकिन वह मीडिया की मुख्यधारा से बाहर की बात है।

दुनिया में, खासकर पश्चिमी देशों में सोशल मीडिया पर फेमिनिस्ट एक्टिविज्म की लम्बी परम्परा है। महिला विषयों पर ट्विटर पर जो हैशटैग सबसे पहले पॉपुलर हुए थे, उसमें #Fem2 प्रमुख है। इसका अर्थ फेमिनिज्म 2.0 यानी अगले दौर का नारीवाद है। इस हैशटैग की शुरुआत ब्लॉगडिवा नाम की हैंडल ने किया और नियांबी जारविस ने इसे लोकप्रियता दिलाई। जारविस महिला अधिकार एक्सपर्ट और एक्टिविस्ट हैं और ट्विटर पर खासी सक्रिय हैं। वहीं भारत में ऐसा होता नहीं दिखता। यहाँ तक कि महिला विषयों का स्पेस भी यहाँ पुरुष घेर लेते हैं और ऐसा करके वे खुद को प्रगतिशील और उदारवादी भी साबित कर ले जाते हैं। भारत में महिलाओं द्वारा महिला विषयों पर चलाए गए सोशल मीडिया कैंपेन और हैशटैग की अभी शुरुआत ही हुई है। भारत में महिलाओं की सोशल मीडिया में दखल की तीन प्रमुख सीमाएँ हैं।

पहली समस्या यह है कि भारत का सोशल मीडिया, दुनिया से अलग ही चाल चल रहा है। जाहिर है कि अमेरिका में सोशल मीडिया पर पुरुषों से ज्यादा महिलाएँ हैं। भारत में स्थिति इसके उलट है।

भारत में सोशल मीडिया बेहद मर्दानी जगह है। भारत में इंटरनेट का मर्दाना स्पेस होना पब्लिक स्फियर में महिलाओं की कमजोर उपस्थिति से जुड़ा मामला है। घर में अगर एक स्मार्ट फोन आना है तो इस बात की ज्यादा सम्भावना है कि वह स्मार्ट फोन बहन नहीं, भाई के हिस्से आएगा। साथ ही महिलाओं का शैक्षणिक पिछड़ापन भी वेब टेक्नोलॉजी की दुनिया में उन्हें अनाड़ी महसूस कराता है। हालाँकि इस मामले में स्त्री और पुरुष के बीच की दूरी तेजी से

कम हो रही है।

हाल के वर्षों में जिस तरह से महिलाओं ने यूट्यूब वीडियो बनाए हैं और उससे भी ज्यादा धूम टिकटॉक पर मचाई है, उससे जाहिर है कि टेक्नोलॉजी के इस्तेमाल में जेंडर की भूमिका निरंतर कम होती चली जाएगी। लेकिन कम से कम फिलहाल सच यही है कि सोशल मीडिया में भारत में पुरुषों की उपस्थिति ज्यादा है और ज्यादातर सोशल मीडिया इंफ्लूएंसर भी पुरुष ही हैं।

दूसरी समस्या यह है कि सोशल मीडिया के मर्दाना स्पेस होने के कारण यहाँ एक खास तरह का भाषाई संस्कार भी विकसित हो गया है। इसमें गाली-गलौज और खासकर महिला अंगों को लेकर अभद्र टिप्पणियाँ बहुतायत में हैं। आप यह महूसस कर सकते हैं कि जब आपकी किसी पोस्ट पर अगर गाली-गलौज होती है तो सबसे पहले महिलाएँ वहाँ से चली जाती हैं। चूँकि गाली-गलौज वाली भाषा सोशल मीडिया की मुख्यधारा का हिस्सा है, इसलिए काफी महिलाएँ खुद को इन बहसों से दूर रखती हैं। या फिर वे सोशल मीडिया में अपनी अलग दुनिया बसा लेती हैं, जहाँ सिर्फ महिलाएँ हों। महिलाएँ इस वजह से अक्सर अपनी फेसबुक पोस्ट को पब्लिक करने की जगह फ्रेंड्स ओनली कर लेती हैं और अपनी पहुँच को खुद सीमित कर लेती हैं। महिलाओं को सोशल मीडिया पर अक्सर ट्रोल का भी सामना करना पड़ता है जो उनके निजी जीवन पर हमला करके उन्हें चुप कराने की कोशिश करते हैं।

तीसरी और संरचनात्मक समस्या यह है कि यहाँ महिला अधिकार के आन्दोलन अपेक्षाकृत देर से शुरू हुए और भारतीय संस्कृति महिलाओं को दोयम दर्जे पर रखने की है। महिलाएँ भी इस वर्चस्ववादी सोच से आजाद नहीं हैं। अच्छी औरत होने का मतलब ऐसी औरत होना है जो परम्परा को माने और अपने अधिकारों की तो कतई बात न करे।

ऐसे में यह सम्भव नहीं है कि सोशल मीडिया में वे महिलाएँ अपने अधिकारों को लेकर सचेत हस्तक्षेप करेंगी। अभी जो कुछ हो रहा है वह अपवाद के तौर पर है।

इस बात की कामना जरूर की जा सकती है कि आनेवाले दिनों में हालात बेहतर होंगे और सोशल मीडिया में भी महिलाओं की बेहतर उपस्थिति दर्ज होगी।

12

दलितों, आदिवासियों और पिछड़ों का संसार

मुख्यधारा के मीडिया में दलित-बहुजन आवाजें नदारद हैं। इस बारे में ढेर सारे सर्वे और शोध हो चुके हैं कि भारत में मुख्यधारा कहा जानेवाला मीडिया मुख्य रूप से सवर्णों द्वारा संचालित है। लेकिन सोशल मीडिया के आने के बाद क्या इस मामले में स्थिति बदली है या फिर अब भी मीडिया में जाति वर्चस्व उसी रूप में काम कर रहा है? सोशल मीडिया को लेकर जो शुरुआती उम्मीदें थीं कि इससे मीडिया की दुनिया लोकतांत्रिक होगी, क्या वो जाति के सन्दर्भ में काम कर पाई? यह मीडिया के समाजशास्त्र से जुड़े कुछ अहम सवाल हैं।

इस बारे में बात करने से पहले संक्षेप में जान लेते हैं कि मुख्यधारा मीडिया की सामाजिक संरचना को लेकर अब तक क्या काम हो चुका है। इस बारे में शुरुआती अध्ययन 90 के दशक के मध्य में दिल्ली में पदस्थापित, वाशिंगटन पोस्ट अखबार के दक्षिण एशिया ब्यूरो प्रमुख कैनेथ जे कूपर ने किया। भारत आने के बाद उन्होंने जब यहाँ के अखबारों को पढ़ना शुरू किया तो सामाजिक स्तर पर कंटेंट में उन्हें एकरूपता नजर आई। कई महीने तक वे समझ नहीं पाए कि भारतीय अखबार एक जैसे क्यों हैं। फिर उनकी नजर एक जाति संघर्ष की घटना की रिपोर्ट पर पड़ी, जिसे बहुत कम कवरेज मिला। इसके बाद की पड़ताल से उन्हें पता चला कि भारतीय मीडिया में लगभग सारे

पदों पर सवर्ण हिन्दू मौजूद हैं और वे तमाम घटनाओं को अपने ही नजरिए से देखते हैं। उन्होंने इस अनुभव का जिक्र अपनी एक रिपोर्ट में भी किया।

यहाँ से आगे बढ़कर दिल्ली के ही पत्रकार वी.एन. उनियाल ने दिल्ली में अपने परिचित सभी पत्रकारों की सामाजिक पृष्ठभूमि के बारे में जानने की कोशिश की। इसके अलावा उन्होंने भारत सरकार के मान्यताप्राप्त पत्रकारों और फिर प्रेस क्लब के सभी सदस्यों के बारे में भी जानकारी जुटाई और इस निष्कर्ष पर पहुँचे कि नेशनल मीडिया में कोई दलित पत्रकार नहीं है।

लगभग 10 साल बाद, 2006 में जब तत्कालीन केन्द्रीय मानव संसाधन विकास मंत्री अर्जुन सिंह की पहल पर केन्द्र सरकार के उच्च शिक्षा संस्थानों में ओबीसी का आरक्षण लागू हुआ तो मीडिया ने आरक्षण के खिलाफ अभियान सा चला दिया। इसकी वजह जानने के लिए योगेंद्र यादव, अनिल चमड़िया और जितेंद्र कुमार ने दिल्ली के मीडिया संस्थानों में निर्णय लेनेवाले पदों पर मौजूद व्यक्तियों की सामाजिक पृष्ठभूमि का सर्वेक्षण किया और इस नतीजे पर पहुँचे कि इन पदों पर एससी और एसटी अनुपस्थित हैं और ओबीसी के लोग सिर्फ 4 फीसदी हैं। 2019 में ऑक्सफैम और न्यूजलॉन्ड्री के शोध से भी राष्ट्रीय मीडिया की यही तस्वीर उभरी। ऑक्सफैम और न्यूजलॉन्ड्री का शोध इस मायने में व्यापक है कि इसमें अखबारों में छपे लेख, जाति सम्बन्धी कवरेज और टीवी बहसों में शामिल पैनलिस्ट को भी शोध में शामिल किया गया। ऐसे शोध कई राज्यों की राजधानियों में भी किए गए।

मीडियाकर्मियों की सामाजिक पृष्ठभूमि का असर मीडिया के कंटेंट पर भी कई तरह से होता है। लेकिन यह पूरी तरह से उभरकर तभी सामने आता है जब जाति सम्बन्धी कोई सवाल सतह पर हो। आरक्षण

से लेकर जाति जनगणना और एससी-एसटी एक्ट ऐसे ही मामले हैं। इसके अलावा मझोली और निचली कही जाने वाली जातियों के नेताओं के प्रति भी मीडिया ज्यादा ही अनुदार रहता है, खासकर तब जब वह नेता सामाजिक न्याय का पक्षधर हो।

भारत में मीडिया कंटेंट पर उसके रेवेन्यू मॉडल का भी असर होता है। मीडिया की ज्यादा आमदनी विज्ञापनों से होती है। सर्कुलेशन या सब्सक्रिप्शन का उसके रेवेन्यू में योगदान कम होता है। विज्ञापनदाता ऐसे मीडिया संस्थान को विज्ञापन देना पसन्द करते हैं जिनके पाठक और दर्शक समृद्ध हों, क्योंकि प्रोडक्ट खरीदने की उनकी क्षमता ज्यादा होती है।

इस तबके को आकर्षित करने के लिए मीडिया संस्थानों को इस तबके की पसन्द के मुताबिक कंटेंट बनाना पड़ता है। यहाँ भी एससी, एसटी और ओबीसी के हित से जुड़ा कंटेंट पिट जाता है।

तीसरा पहलू यह है कि भारत में सरकारें मीडिया के लिए सबसे बड़ी विज्ञापनदाता हैं। इसलिए मीडिया संस्थानों को कई बार सरकार की पसन्द और नापसन्द का खयाल रखना पड़ सकता है। इस क्रम में आम जनता के हितों की बलि चढ़ाई जा सकती है।

इस तरह देखा जाए तो न्यूजरूम की सामाजिक संरचना, विज्ञापन केन्द्रित रेवेन्यू मॉडल और सरकार का दबाव मीडिया पर होता है। इस क्रम में जो कंटेंट तैयार होता है, उसमें वह शून्य पैदा हो जाता है, जिसे अब दलित-बहुजन मीडिया भरने की कोशिश कर रहा है।

जिस दौर में मुख्यधारा मीडिया दलितों, आदिवासियों और पिछड़े समुदायों के मुद्दों को स्थान नहीं दे रहा है, या इन समुदायों के लोगों को लग रहा है कि उनकी आवाजें मीडिया में अनसुनी रह जा रही हैं, तब सोशल मीडिया के आगमन से उन्हें अचानक स्वर मिल गया। वे सवाल जो मुख्यधारा के अखबारों और चैनलों में नहीं

उठाए जा रहे थे, उन्हें सोशल मीडिया में उठाया जाने लगा। हजारों की संख्या में फेसबुक पर ग्रुप बन गए और लाखों व्हाट्सऐप ग्रुप अस्तित्व में आ गए। हालाँकि ऐसे ग्रुप हर सामाजिक समूह के लोगों ने बनाए लेकिन जिन सामाजिक समूहों को मुख्यधारा की मीडिया में नहीं सुना जाता था, उनके लिए यह ग्रुप ज्यादा उपयोगी साबित हुए। बल्कि इन ग्रुप के जरिए इन सामाजिक तबकों में समूह निर्माण की प्रक्रिया भी तेज हुई और लोग एक-दूसरे के करीब आए। इस तरह कई संगठनों का निर्माण भी हुआ और कई मुद्दों पर आन्दोलन भी संगठित हुए। यहाँ तक कहा जाता है कि एससी-एसटी एक्ट को कमजोर करने के सुप्रीम कोर्ट के फैसले के खिलाफ 2 अप्रैल, 2018 का भारत बन्द सोशल मीडिया पर संगठित किया गया था। हैदराबाद सेंट्रल यूनिवर्सिटी के शोध छात्र रोहित वेमुला का शव हॉस्टल में पाए जाने के खिलाफ देशव्यापी आन्दोलन चला, जिसमें सोशल मीडिया ने संगठक की भूमिका निभाई। ऐसा ही ऊना, गुजरात में दलित उत्पीड़न के मामले में हुआ।

मौजूदा दौर में जनमत निर्माण में कंटेंट का महत्त्व निर्विवाद है। इसके महत्त्व को सभी तरह के लोग समझने लगे हैं। इस वजह से कहा जा सकता है कि मुख्यधारा का मीडिया जब तक वंचित समूहों को स्वर नहीं देगा और स्वर देनेवाले लोग भी पर्याप्त संख्या में इन समूहों के नहीं होंगे, तब तक दलित-बहुजन मीडिया की गुंजाइश बनी रहेगी।

> इस आधुनिक कहे जानेवाले दौर में भी दलित और बहुजनों को अपना मीडिया क्यों चाहिए और आखिर क्या वजह है कि लोग इन्हें देख रहे हैं, सब्सक्राइब कर रहे हैं?

हालाँकि मुख्यधारा के मीडिया के लिए एक साथ तमाम सामाजिक समूहों के हित का सन्तुलन बना पाना

आसान नहीं होगा, लेकिन ऐसा न करने तक उस पर जातिवादी होने के आरोप लगते रहेंगे।

मुख्यधारा की मीडिया ने वंचित सामाजिक समूहों के हितों की अनदेखी करके एक शून्य का निर्माण किया है, जहाँ सैकड़ों लोकप्रिय दलित-बहुजन सोशल मीडिया ग्रुप और वीडियो चैनल उग आए हैं।

क्या आपको यह बात चौंकाती है कि 2020 में जब दुनिया तेजी से आधुनिकता की ओर बढ़ रही है और व्यक्तिगत पहचान के सवाल खासकर पश्चिमी देशों में धुँधले हो रहे हैं, तब भारत में दलित-बहुजन मीडिया का क्षेत्र तेजी से बढ़ रहा है।

इस तेज बढ़त का अन्दाजा इस बात से लगाइए कि 2020 की शुरुआत में कम-से-कम 10 दलित-बहुजन यूट्यूब चैनल ऐसे हैं, जिनमें से हर एक के कम-से-कम 5 लाख सब्सक्राइबर हैं। यह चैनल मुख्य रूप से दलित-बहुजन मुद्दों पर कंटेंट अपलोड करते हैं और पॉपुलर भी हैं।

इनमें से कुछ चैनलों की लोकप्रियता के आँकड़े (फरवरी, 2020 में) आश्चर्यजनक हैं। मिसाल के तौर पर, यूट्यूब चैनल नेशनल दस्तक के 35 लाख से ज्यादा सब्सक्राइबर हैं और यह किताब लिखे जाने के वक्त इसके वीडियो 88 करोड़ बार देखे जा चुके हैं। बहुजन टीवी के 17 लाख तो नेशनल इंडिया न्यूज के 13 लाख सब्सक्राइबर हैं। 5 लाख से ज्यादा सब्सक्राइबर वाले दलित-बहुजन यूट्यूब चैनलों के क्लब में आवाज इंडिया टीवी, दलित दस्तक, मूलनिवासी टीवी (एमएनटीवी), समता आवाज टीवी, दलित न्यूज नेटवर्क (डीएनएन), एसएम न्यूज, वायस न्यूज नेटवर्क आदि शामिल हैं। इसके अलावा एक्टिविस्ट वेद जैसे लोग अपने नाम से भी चैनल चला रहे हैं और कंटेंट डाल रहे हैं। द शूद्रा जैसे नए-नए चैनल इस

स्पेस में लगातार आ रहे हैं।

क्या यह भारतीय मीडिया का अंडरग्राउंड स्पेस है, जिसके बारे में जानते सभी हैं, लेकिन कोई इसके बारे में बात नहीं करता? इस बारे में कोई किताब नहीं लिखी जाती, कोई रिसर्च नहीं होता। इन लोकप्रिय प्लेटफॉर्म में काम करनेवाले पत्रकारों को कोई सम्मान नहीं मिलता। बल्कि उन्हें पत्रकार मानने में भी लोगों को दिक्कत होती है।

सवाल उठता है कि इस आधुनिक कहे जानेवाले दौर में भी दलित और बहुजनों को अपना मीडिया क्यों चाहिए और आखिर क्या वजह है कि लोग इन्हें देख रहे हैं, सब्सक्राइब कर रहे हैं?

क्या यह किसी तरह की गिरोहबन्दी है या फिर मेनस्ट्रीम कही जानेवाली पत्रकारिता का रिजेक्शन?

दलित-बहुजन पत्रकारिता कहीं इसलिए तो नहीं सामने आई है क्योंकि मुख्यधारा की पत्रकारिता ने खुद को एक जाति समूह तक सीमित कर लिया है और उसी की जरूरत और रुचि के हिसाब से कंटेंट क्रिएट किया जा रहा है?

क्यों चाहिए दलित-बहुजन मीडिया?

दलितों का अपना मीडिया होना कोई नई बात नहीं है। भारत आने के बाद, 1920 में ही डॉ. बी.आर. आंबेडकर ने अपना पहला पाक्षिक अखबार मूकनायक लॉन्च किया था। इस अखबार के सौ साल पूरा होने पर दलित दस्तक ने 31 जनवरी, 2020 को दिल्ली के आंबेडकर इंटरनेशनल सेंटर में एक भव्य आयोजन किया। डॉ. आंबेडकर ने हमेशा अपना अखबार निकालने पर जोर दिया और इस क्रम में मूकनायक के बाद बहिष्कृत भारत, जनता, समता और

प्रबुद्ध भारत का प्रकाशन उन्होंने किया। पिछड़ी जाति से आनेवाले ई.वी. रामासामी पेरियार ने भी इंग्लिश में रिवोल्ट और तमिल में कुडी अरसु नाम की पत्रिका का सम्पादन किया। आंबेडकर की परम्परा को आगे ले जानेवाले कांशीराम ने भी बहुजन संगठक का लम्बे समय तक सम्पादन किया।

अपनी पत्रिका चलाने के पीछे आंबेडकर की दृष्टि बिलकुल साफ थी। उस समय सारे प्रमुख अखबार या तो मोहनदास करमचन्द गांधी या फिर मोहम्मद अली जिन्ना के महिमामंडन में लगे थे और डॉ. आंबेडकर के बारे में उन अखबारों में नकारात्मक ही छपता था। साथ ही आंबेडकर इस बात से भलीभाँति वाकिफ थे कि जनमत निर्माण में अखबारों और पत्रिकाओं का कितना महत्त्व है। राणाडे, गांधी और जिन्ना नाम के अपने भाषण में उन्होंने कहा कि "कांग्रेस प्रेस की मेरे प्रति घृणा को अछूतों के प्रति हिन्दुओं की घृणा से ही समझा जा सकता है।"

लेकिन बाबा साहब तो यह बात 1943 में बोल गए थे। आज लगभग 80 साल बाद भी क्या भारतीय मीडिया की दुनिया जाति के मामले में नहीं बदल पाई है?

दरअसल इस बीच मीडिया में काफी बदलाव आए हैं। कंटेंट, टेक्नोलॉजी और मीडिया सब कुछ बदल गया है। लेकिन अपना मीडिया बनाने की दलितों की इच्छा या उनकी जरूरत जस-की-तस कायम है।

आइए एक नजर में देखते हैं कि ये मीडिया प्लेटफॉर्म अपने होने की क्या वजह बताते हैं :

1. नेशनल दस्तक के मुताबिक, "आज भी मुख्यधारा के भारतीय मीडिया का एक बड़ा हिस्सा केवल विशेष व समृद्ध वर्ग के लोगों की चिन्ताओं और आकांक्षाओं का प्रतिनिधित्व कर रहा

है। हाशिए पर खड़े समाज, जिसमें देश की अनुसूचित जाति, अनुसूचित जनजाति, महिलाएँ, अल्पसंख्यक, किसान, मजदूर शामिल हैं, के हितों एवं संघर्षों को आसानी से नजरअन्दाज कर दिया जाता है।"

2. बहुजन टीवी, जिसके वीडियो 16 करोड़ बार देखे जा चुके हैं, का दावा है कि "ये प्लेटफॉर्म ज्योतिबा फुले, शाहू जी महाराज, डॉ. आंबेडकर के समतावादी विचार ज्यादा-से-ज्यादा लोगों तक पहुँचाने का काम करेगा तथा समाज में फैले हुए अन्धविश्वास और पाखंड को पूरी तरह मिटाने के लिए प्रयासरत रहेगा।"

3. नेशनल इंडिया न्यूज के वीडियो 21 करोड़ बार देखे जा चुके हैं और इसका कहना है कि "अपनी आर्थिक और उच्चवर्णीय सामाजिक संरचना के कारण भारतीय मीडिया वंचित बहुसंख्यक आबादी के शत्रु का काम करता है। उच्चवर्णीय मीडिया में जो कुछ तथाकथित प्रगतिशील या दयालु लोग हैं, उनकी एकमात्र भूमिका मेनस्ट्रीम मीडिया के बारे में भ्रम बनाए रखने की है।"

डिजिटल दुनिया में दलित-बहुजन पत्रकारिता

भारत में दलित-बहुजन साहित्य की एक धारा हमेशा मौजूद रही है, जिसका स्रोत कबीर, रैदास से लेकर ज्योतिबा फुले और वहाँ से आगे बढ़कर वर्तमान समय तक निरंतरता में मौजूद है। यह धारा मुख्यधारा के साहित्य के समानांतर उसे चुनौती देती हुई चलती है।

वर्तमान समय में दलित साहित्य के प्रकाशकों और वितरकों का एक विशाल नेटवर्क देश में मौजूद है जो लाखों की संख्या में साहित्य

छाप और बेच रहे हैं। उत्तर और मध्य भारत में यह धारा मराठी, हिन्दी और पंजाबी में काफी समृद्ध है।

लेकिन जहाँ तक परम्परागत जनसंचार माध्यम जैसे अखबार या टीवी चैनल की बात हो तो इसमें दलितों की दखल न के बराबर रही है, क्योंकि इसके लिए जिस विशाल अर्थतंत्र की जरूरत है, उसका दलितों में अभाव है।

एक समस्या यह भी है कि सवर्ण हित में चल रहे मीडिया की पहचान सवर्ण मीडिया की नहीं बनती, जबकि दलित हित या फिर सामाजिक न्याय के लिए काम करते ही किसी मीडिया प्लेटफॉर्म की पहचान दलित मीडिया या जातिवादी मीडिया की बन जाती है।

डिजिटल दौर ने इन दो में से पहली बाधा यानी धन की समस्या को एक हद तक हल कर दिया है। एक स्मार्ट फोन, ट्राइपॉड, आम तौर पर मुफ्त में मिलनेवाले एडिटिंग ऐप और डाटा पैक के साथ ऑडियो-वीडियो कंटेंट तैयार करना मुमकिन हो गया है। यह काम न्यूनतम 10,000 रुपए की पूंजी से सम्भव है। इस वजह से मीडिया में अपनी आवाज न होने से परेशान युवाओं ने अपने वीडियो चैनल खोल लिए।

13

वर्चुअल ऊँच-नीच यानी ओपिनियन लीडर का तंत्र

सोशल मीडिया को ऊपर से देखें तो यह एक लोकतांत्रिक प्लेटफॉर्म नजर आता है। यहाँ कोई भी अपना एकाउंट बना सकता है और नियमों के दायरे में अपनी बात किसी भी शक्ल में रख सकता है। इन पोस्ट को कोई भी व्यक्ति लाइक कर सकता है या शेयर कर सकता है। हालाँकि ऐसा तभी सम्भव है जब वह ऐसा चाहे। इस लिहाज से ऐसा कहा जा सकता है कि सोशल मीडिया में न कोई छोटा है न बड़ा। लेकिन यह कहने की बात है। सोशल मीडिया हायरार्की यानी ऊँच-नीच को पूरी तरह से बरतता है बल्कि समाज में मौजूद भेदभाव को मजबूत भी करता है। इसके लिए सोशल मीडिया का एक पूरा तंत्र है।

ट्विटर और फेसबुक आदि सोशल मीडिया प्लेटफॉर्म पर खास लोगों को मिलनेवाला एकाउंट वेरिफिकेशन या ब्लू टिक या इसी तरह का कोई और बैज संवाद के मामले में एक किस्म का नस्लभेद है या इसे आप डिजिटल वर्ण व्यवस्था भी कह सकते हैं। यह लोकतंत्र के लिए हानिकारक है।

खासकर ट्विटर पर तो ब्लू टिक को लेकर काफी विवाद हो रहे हैं और यह अकारण नहीं हैं। यह विवाद अमेरिका में शुरू हुआ और अब यह भारत भी पहुँच गया है।

अमेरिका में यह विवाद अक्टूबर 2017 में शुरू हुआ, जब वहाँ इस

बात को लेकर काफी हंगामा हुआ कि कई श्वेत नस्लीय श्रेष्ठतावादी ट्विटर हैंडल को ब्लू टिक क्यों दिया गया क्योंकि ब्लू टिक होने की वजह से वे अपने नफरत भरे विचारों को ज्यादा असरदार तरीके से फैला पा रहे थे। इन ट्विटर हैंडल में जैसन कैसलर, लॉरा लूमर और टॉमी रॉबिनसन (https://www.theguardian.com/technology/2017/nov/15/twitter-verified-blue-checkmarks-richard-spencer) शामिल थे। विवाद के बाद ट्विटर ने वेरिफाइड एकाउंट्स के लिए नए गाइड लाइंस जारी किए। और नए गाइड लाइंस जारी करने के कुछ ही दिनों बाद इन विवादास्पद हैंडल के ब्लू टिक हटा दिए। ट्विटर ने कहा कि यह हैंडल ट्विटर के गाइड लाइंस का उल्लंघन करते हैं और इसलिए इनके ब्लू टिक हटाने का फैसला किया जा रहा है। जिन लोगों के ब्लू टिक हटाए गए उन्होंने आरोप लगाया कि ट्विटर उन पर राजनीतिक विचार बदलने के लिए दबाव डाल रहा है। इस विवाद के कारण ट्विटर ने 9 नवम्बर को घोषणा की कि उसने वेरिफिकेशन प्रोग्राम को बन्द कर दिया है और ऑथेंटिकेशन और वेरिफिकेशन के नए नियम बनाए जा रहे हैं।

जो लोग डिजिटल और सोशल मीडिया की दुनिया में दखल नहीं रखते हैं या इससे जानबूझकर दूर रहते हैं, उनकी जानकारी के लिए यह बता देना आवश्यक है कि ट्विटर एक सोशल मीडिया प्लेटफॉर्म है जो भारत में भी काफी लोकप्रिय है। आँकड़ों के मुताबिक, 2020 की शुरुआत में 77 लाख से ज्यादा लोग इस प्लेटफॉर्म पर हैं। सबसे बड़ी बात है कि जिन लोगों को प्रभावशाली माना जाता है, वे यहाँ बड़ी संख्या में हैं। उनमें प्रधानमंत्री, मंत्री, सांसद, विधायक से लेकर बड़े अफसर, प्रोफेसर, सिनेमा स्टार, पत्रकार, उद्योगपति आदि शामिल हैं। इसके अलावा यहाँ ढेर सारी आम जनता भी है।

ब्लू टिक दरअसल ट्विटर का एक सिस्टम है, जिसके जरिए वह

प्रभावशाली लोगों को भीड़ से अलग खड़ा करता है। ट्विटर पहले इसके लिए आवेदन लेता था। लेकिन 2017 से ब्लू टिक यानी वेरिफिकेशन के लिए आवेदन नहीं लिए जा रहे थे लेकिन 2021 में इसे फिर से शुरू किया गया है। ट्विटर अपनी किसी अघोषित पॉलिसी या मनमाने तरीके से कुछ लोगों को ब्लू टिक देता रहता है।

जिन लोगों को ब्लू टिक मिल जाता है, वे ट्विटर पर चल रहे संवाद में ऊपर मंच पर बिठाए जाते हैं। उनकी बात गौर से सुनी और देखी जाती है और बाकी की जनता उन्हें फॉलो, रिट्वीट और लाइक करती रहती है। मंच पर बैठे लोगों से उम्मीद की जाती है कि वे भेड़ियाधसान जनता को रास्ता दिखाएँ और बताएँ कि क्या महत्त्वपूर्ण है और क्या नहीं। ब्लू टिक मिलना खास लोगों के क्लब की सदस्यता मिलने की तरह है।

अगर आपके पास ब्लू टिक है आपके बारे में यह माना जाता है कि आप ब्लू टिक दिला सकते हैं तो डिजिटल समाज में आपकी बेहद ऊँची हैसियत मानी जाएगी। इस मामले में ब्लू टिक एक जायदाद की तरह है, जिसके होने या न होने से फर्क पड़ता है।

जाहिर है कि जिस ब्लू टिक के लिए इतनी मारा-मारी हो, उसके लिए ट्विटर के अधिकारियों के पीछे लोग पड़ेंगे ही। इस वजह से ट्विटर इंडिया के मैनेजिंग डायरेक्टर मनीष माहेश्वरी ने ट्विटर पर अपने परिचय में ही लिख दिया है कि–वे ब्लू टिक देने का अधिकार नहीं रखते। लेकिन इतना स्पष्ट है कि ब्लू टिक देने या न देने के अधिकार ने सोशल मीडिया को काफी ताकत दे दी है। चूँकि यह काम मनमाने तरीके से होता है और इसके लिए कोई गाइड

> जिस सोशल मीडिया से उम्मीद थी कि वह सबको सबसे जोड़ेगा, उसने लोगों का गिरोह बना दिया। लोगों को बाँट दिया।

लाइंस खुद इन प्लेटफॉर्म ने भी नहीं बनाई हैं और न ही किसी को मालूम है कि इसे देने या न देने का आधार क्या है, इसलिए यह प्लेटफॉर्म किसी को खुश करने या किसी के असर को कम करने के लिए इस विशेषाधिकार का इस्तेमाल करने की स्थिति में हैं।

वेरिफिकेशन या ब्लू टिक को लेकर मुख्य समस्याएँ इस प्रकार हैं :

1. ब्लू टिक इंटरनेट इक्वैलिटी के खिलाफ है

इंटरनेट के शुरुआती दिनों में कई लोगों को भ्रम था कि इसके आने से संवाद और आपसी चर्चा में लोकतंत्र आएगा क्योंकि अब तक समाचार-पत्र, रेडियो, टीवी एकतरफा संवाद करते थे और सुनने या पढ़नेवालों की बात का कोई महत्त्व नहीं था। अखबार या रेडियो स्टेशन या टीवी चैनल चलाना एक मुश्किल और खर्चीला काम भी है। इसके मुकाबले इंटरनेट और सोशल मीडिया सहज और सस्ता माध्यम है। इंटरनेट ने संवाद की ताकत करोड़ों लोगों तक पहुँचा दी।

इंटरनेट और फिर सोशल मीडिया के शुरुआती दौर में इस मीडिया को लेकर जो सकारात्मक सम्भावनाएँ थीं, वे जल्द ही गायब हो गईं। संवाद का दायरा तो बढ़ा, लेकिन संवाद की बराबरी खत्म हो गई। ब्लू टिक उसी गड़बड़ी का एक लक्षण है। यह समानता के सिद्धान्त के खिलाफ है, क्योंकि यह संवाद करनेवालों को सत्ता संरचना के हिसाब से दो कैटेगरी—वेरिफाइड और अनवेरिफाइड—में बाँटता है।

2.ट्विटर अपने यूजर्स को ऊँच और नीच बनाता है

ब्लू टिक का मकसद सोशल मीडिया में भेदभाव पैदा करना है क्योंकि यह बैज कुछ लोगों के पास है और ज्यादातर लोगों के

पास नहीं है। यह लगभग वही स्थिति है, जिसका निर्माण वर्ण व्यवस्था के जरिए किया गया। या फिर जिस तरह से संस्कृत जानने या न जानने से ज्ञान के क्षेत्र में दो कैटेगरी बन गई थी, जहाँ कोई ऊपर होता था और बाकी नीचे होते थे। कहने को तो वेरिफिकेशन का उद्‌देश्य किसी एकाउंट को सत्यापित करना है कि वह किसी वास्तविक व्यक्ति का एकाउंट है। लेकिन इस हिसाब से तो जो भी व्यक्ति अपनी पहचान साबित करने में समर्थ है, उसे वेरिफाई किया जाना चाहिए। लेकिन ऐसा है नहीं। ट्विटर ने जिन्हें वेरिफाई नहीं किया है, उनके ट्विट को रिट्वीट किए जाने की सम्भावना कम होती है। उन्हें तेजी से फॉलोवर नहीं मिलते। इस वजह से उनके लिए किसी हैशटैग को ट्रेंड करा पाना मुश्किल ही है क्योंकि किसी भी हैशटैग के ट्रेंड में आने के लिए जरूरी है कि एक निर्धारित समय में उसे ढेर सारे लोग ट्वीट या रिट्वीट करें।

3.वेरिफिकेशन मनमाने तरीके से किए जाते हैं

ट्विटर ने कभी नहीं बताया कि वह ब्लू टिक किस आधार पर देता है। चूँकि यह पूरी प्रकिया पर्दे के पीछे की जाती है, इसलिए उस पर पक्षपात के आरोप लगते रहे हैं। ट्विटर की घोषित नीति थी कि 2017 के बाद से वेरिफिकेशन को स्थगित कर दिया गया। लेकिन वास्तविकता यही है कि ट्विटर लगातार एकाउंट को वेरिफाई कर रहा था। चूँकि वेरिफिकेशन अपारदर्शी तरीके से हो रहा है, और भारतीय लोगों के ट्विटर हैंडल के मामले में इसे भारतीय लोग ही कर रहे हैं तो स्वाभाविक है कि इसमें जाति, धर्म, भाषा, भूगोल आदि के भेदभाव अपने तरीके से काम करते हैं। ट्विटर पर आरोप है

कि वह दलितों, आदिवासियों, पिछड़ों और अल्पसंख्यकों के एकाउंट वेरिफाई करने में भेदभाव करता है।

4.ब्लू टिक लोगों को गिरोहों में बाँट रहा है

चूँकि ट्विटर वेरिफाइड एकाउंट्स को ऊँचा दर्जा देता है, उनके ट्वीट लोगों की टाइमलाइन पर ऊपर आते हैं, इसलिए वेरिफाइड एकाउंट वालों में एक स्वाभाविक श्रेष्ठताबोध पैदा हो जाता है। वे ज्यादातर एक-दूसरे को ही फॉलो और रिट्वीट करते हैं। जिस सोशल मीडिया से उम्मीद थी कि वह सबको सबसे जोड़ेगा, उसने लोगों का गिरोह बना दिया। लोगों को बाँट दिया। ट्विटर ब्लू टिक वालों को यानी वेरिफाइड आईडी वालों को यह सुविधा देता है कि वे सिर्फ ब्लू टिक यानी वेरिफाइड लोगों के नोटिफिकेशन देखें। यानी वे अगर न चाहें तो अनवेरिफाइड लोगों के नोटिफिकेशन नहीं भी देख सकते हैं। चूँकि हर दिन आनेवाले नोटिफिकेशन की संख्या हजारों में हो सकती है, इसलिए वेरिफाइड आईडी वाले यह चाह सकते हैं कि वे सिर्फ अपने जैसे वेरिफाइड लोगों के नोटिफिकेशन ही देखें। यह वेरिफाइड लोगों की एक अलग दुनिया बनाने जैसी बात है, जहाँ तथाकथित प्रभावशाली लोग अपने ही जैसे अन्य लोगों के साथ संवाद करते हैं। इसका दूसरा पहलू यह भी है कि यह दूसरी श्रेणी के लोगों से कट जाते हैं। यह किसी भी नजरिए से लोकतांत्रिक संवाद नहीं हुआ।

5.वेरिफिकेशन या संवाद में भेदभाव का लोकतंत्र के लिए मायने

कोई भी आधुनिक लोकतंत्र नागरिकों के अबाध आपसी संवाद से चलता है, जिसमें लोग आपस में लोक-महत्त्व के विषयों पर

बातचीत करते हैं और राय बनाते हैं। इस समय जिस माध्यम पर सबसे ज्यादा लोग आपस में बात कर रहे हैं, उनमें सोशल मीडिया शामिल है। यहाँ चलनेवाली बातचीत का चुनावों पर और सरकार गठन पर असर पड़ता है। इसी वजह से सभी दल अपना सोशल मीडिया सेल चलाते हैं। इसलिए सोशल मीडिया में संवाद में अगर पक्षपात और भेदभाव है तो यह किसी कम्पनी का मामला नहीं है। इसका असर लोकतंत्र पर होता है।

सोशल मीडिया और लोकतंत्र के सम्बन्धों पर दुनिया-भर में चल रही इस तरह की बहसों में अब भारत के लोगों को भी शामिल हो जाना चाहिए।

14

सोशल मीडिया भूलने नहीं देगा

यादों का मानव जीवन में काफी महत्त्व माना जाता है। स्मृतियों ने मानव सभ्यता के विकास में खासी भूमिका निभाई है। परिवार संस्था के निर्माण में भी यादों की अहमियत है। जब मनुष्य ने इन यादों के आधार पर परिवार बसाना शुरू किया कि कौन-से सम्बन्ध बनाए जा सकते हैं और किन सम्बन्धों को निषेध करना चाहिए, तब से ही परिवार संस्था का बनना शुरू हुआ। यह स्मृतियाँ हर जीवित प्राणी में नहीं होतीं। स्मरण क्षमता को कई बार विद्वत्ता का आधार भी माना जाता है।

जब तक लिखने का चलन नहीं शुरू हुआ था, तब तक यादों के सहारे ही इतिहास को जिन्दा रखा गया। उस दौर में कबीलों में वैसे लोगों की अलग से इज्जत होती थी, जो कुनबे में सबसे बुजुर्ग होते थे और जिन्हें बहुत कुछ याद होता था। इन यादों के सहारे आगे चलकर राष्ट्र-राज्यों का निर्माण हुआ, उनके बीच संघर्ष हुए और गठबन्धन बने। राष्ट्रों ने अपनी जीत और हार तथा अपमान और गौरव को याद रखा। प्रिंटिंग प्रेस के आविष्कार के बाद यादों को सहेजना आसान हो गया और दुनिया-भर की लाइब्रेरी ज्ञान के विस्तार के अलावा यादों को चिरस्थायी बनाने में भी जुट गई।

तकनीक के विस्तार ने यादों को स्थायी बनाने के नए-नए उपकरण विकसित कर दिए। फोटोग्राफी और वीडियोग्राफी ने यादों को ऑडियो-

विजुअल विस्तार दिया। फोटो और वीडियो भी जब तक एनालॉग के दौर में थे, तब तक स्थिति अलग थी। एनालॉग फॉर्मेट में फोटो, उसके निगेटिव, या वीडियो टेप को इरेज या नष्ट करना फिर भी मुमकिन था। लेकिन डिजिटल मीडिया और वह भी सोशल मीडिया के दौर में सब कुछ बदल चुका है। यहाँ तो हार्ड ड्राइव से डिलीट की गई फाइलें यहाँ तक कि फॉर्मेटिंग के बाद भी रिट्रीव हो सकती हैं या कम-से-कम ऐसी सम्भावना तो होती ही हैं कि उन्हें रिकवर कर लिया जाए।

पुराने समय में अगर किसी व्यक्ति को किसी स्मृति से छुटकारा पाना होता था तो वह क्या करता था? मिसाल के तौर पर अगर आपने बचपन के दौरान ऐसा कुछ किया है जो आपको आज नापसन्द हो लेकिन उसकी कोई तस्वीर आपके किसी पुराने एलबम में कैद हो तो आपके पास यह विकल्प है कि एलबम की वो तस्वीर निकालकर उसे फाड़कर फेंक दें। मुमकिन है कि आपके उस बचपन के कार्य की स्मृति आपके और अन्य लोगों को दिमाग में फिर भी बनी रहे, लेकिन अगर ऐसी एक ही तस्वीर है तो उसका दृश्य प्रमाण फोटो फाड़ देने के साथ ही खत्म हो चुका होगा। ऐसा नहीं होगा कि किसी दिन अचानक कोई शख्स आपकी तस्वीर लेकर आपके सामने आ जाएगा कि देखिए आपने बचपन में क्या किया था। इसी तरह कई लोग अपनी किताबों की सारी कॉपी खरीदकर उसे रद्दी में डाल देते हैं।

ऐसा नहीं है कि डिजिटल टेक्नोलॉजी ने बच्चों और युवाओं को कुछ दिया नहीं है। डिजिटल टेक्नोलॉजी, इंटरनेट और सोशल मीडिया के कारण बच्चों और युवाओं को पहली बार खुलकर अपनी बात कहने का, खुद को अभिव्यक्त करने का मौका मिला है। चूँकि इससे पहले तक मॉस कम्युनिकेशन यानी जनसंचार के माध्यम जैसे पुस्तक प्रकाशन, अखबार, पत्रिकाएँ, रेडियो, टीवी आदि के लिए बड़ी पूँजी और संगठन की जरूरत होती थी, इसलिए बच्चे और युवा अपनी बात

अक्सर कह ही नहीं पाते थे। न वे किताब लिखकर छपवा पाते थे, न ही अखबार या रेडियो या टीवी नेटवर्क चलाना उनके वश में था। लेकिन ब्लॉगिंग और फिर सोशल मीडिया के आने से जनसंचार के साधन लगभग हर किसी की पहुँच में आ गए। बच्चे और युवा आज जितनी बातचीत और संवाद कर रहे हैं और उसे लोगों तक पहुँचा पा रहे हैं, वह इतिहास की अभूतपूर्व घटना है। लेकिन यह माध्यम अपने साथ कुछ बुराइयाँ भी लेकर आया है। न भूलने देना उनमें प्रमुख समस्या बनकर उभरा है। खासकर बच्चों और युवाओं के लिए।

एनालॉग युग में कम्पनियों का व्यवसाय हार्डवेयर की ब्रिकी पर निर्भर था। उस दौरान कम्पनियाँ कैमरे, कैमरा फिल्म, कैमकॉर्डर और ऑडियो और वीडियो रेकॉर्डर बेचकर व्यवसाय करती थीं। कंप्यूटर के शुरुआती दौर में भी कम्पनियों ने मुख्य्य रूप से हार्डवेयर और बाद में सॉफ्टवेयर बेचा। लेकिन अब समय बदल चुका है। अब इस क्षेत्र की सबसे बड़ी कम्पनियों का मुख्य्य बिजनेस डाटा की बिक्री है। यह वही डाटा है जो सारे सोशल मीडिया और इंटरनेट यूजर जेनरेट करते हैं। यूजर किसी सर्च इंजन या साइट या सोशल मीडिया पर जो कुछ भी करते हैं, उससे लगातार डाटा क्रिएट होता रहता।

बच्चे एनालॉग युग के मीडिया बिजनेस मॉडल में काम की चीज नहीं थे। लेकिन सोशल मीडिया युग के बिजनेस में बच्चे बेहद उपयोगी हैं। बच्चों के पास एक तो समय ढेर सारा होता है और साथ ही उनमें एक-दूसरे से जुड़े रहने और आपस में ढेर सारा संवाद करने की अदम्य इच्छा होती है। वे अपनी हर कामयाबी और सुख-दुख से लेकर अपने नई ड्रेस तक को दोस्तों के साथ शेयर करना चाहते हैं। यह सब करते हुए वे डाटा के प्रमुख स्रोत बन चुके हैं। चूँकि स्मार्ट फोन ढेर सारे बच्चों के हाथ में आ चुके हैं और वे बच्चे सोशल मीडिया पर भी हैं, इसलिए वे लगातार डाटा जेनरेट करते जा रहे हैं और साथ में अपना

डिजिटल फुट प्रिंट और फिंगर प्रिंट भी छोड़ते जा रहे हैं।

कई बार स्मृतियों से छुटकारा पाना जरूरी होता है। वे असहज करती हैं। कई तरह की समस्याएँ पैदा करती हैं। मिसाल के तौर पर आपने कॉलेज के दिनों में किसी उग्र आन्दोलन में हिस्सा लिया। उसके प्रमाण तमाम जगहों पर बिखरे हो सकते हैं। लेकिन पढ़ाई पूरी करने के बाद जब आप नौकरी के लिए अप्लाई कर रहे हों, तो आप चाहेंगे कि आपकी वे पुरानी यादें आपके सम्भावित एंप्लायर तक न पहुँचें। कई देशों में और कई कम्पनियों में किसी कर्मचारी के ऐसे अतीत को समस्यामूलक माना जा सकता है। ऐसा होना आपको नौकरी के लिए अयोग्य बना सकता है या फिर किसी खास दौर में किसी विचारधारा के समर्थन या विरोध में कही गई आपकी बातें अगर किसी फॉर्म में रेकॉर्ड में हैं तो आगे चलकर उसकी वजह से आपको रोजगार में दिक्कत आ सकती है। यहाँ तक कि स्त्री-पुरुष सम्बन्धों में भी पुरानी स्मृतियाँ एक समस्या की तरह आ सकती हैं। ऐसे बेशुमार कारण हो सकते हैं जिनकी वजह से हर किसी को ऐसा महसूस होता है कि अगर यह बातें दुनिया में किसी के भी सामने न आतीं तो कितना अच्छा होता। खास परिस्थितियों में सामूहिक स्मृति के लोप की कामना एक स्वाभाविक इच्छा हो सकती है।

डिजिटल युग के आने से पहले स्मृतियों को मिटाना अपेक्षाकृत आसान काम था। स्मृतियों को मिटाने की जरूरत आज भी होती है। ज्यादातर लोगों में यह हरेक को कभी न कभी यह इच्छा होती होगी कि उसकी कोई खास तस्वीर या

> वक्त को एक समय बहुत बड़ा मरहम माना जाता था क्योंकि बहुत सी बातें वक्त बीतने के साथ लोग भूल जाते थे। सोशल मीडिया के युग में वक्त ने अपना मरहम वाला गुण काफी हद तक खो दिया है।

उसकी कोई बात उसे याद न रहे और उससे भी महत्त्वपूर्ण यह कि वह किसी और को भी याद न रहे। लेकिन जैसा पहले सम्भव था कि दीवार पर टँगी एकमात्र फोटो को जला देना, एलबम से फोटो की आखिरी कॉपी को निकालकर फाड़ देना, निगेटिव को आग में डाल देना, टेप निकालकर फेंक देना, यादों से जुड़ी समस्या का समाधान हुआ करता था। नेताओं और उद्योगपतियों ने तो यहाँ तक कोशिश की कि किसी खास दिन के खास अखबार की सभी कॉपीज को बिकने से पहले रातोरात खरीद लिया जाए और उन्हें जला दिया जाए।

लेकिन आज यही काम मुश्किल या कहें तो लगभग असम्भव हो गया है। आज कोई चाहे तो यह तो कर सकता है कि मोबाइल, लैपटॉप, टैबलेट जैसी डिवाइस से कोई फोटो या वीडियो डिलीट कर दे। या डिवाइस को ही फॉर्मेट कर दे, लेकिन ऐसे किसी भी कंटेंट के डिजिटल फुट प्रिंट कहीं नहीं होंगे, यह दावा कोई नहीं कर सकता। और अगर वो फोटो या वीडियो या ऑडियो किसी तरह से सोशल मीडिया में एक बार आ चुका हो, तब तो चाहे जितनी भी कोशिश कर ली जाए, गारंटी से यह बात नहीं कही जा सकती कि उसके तमाम निशान मिट चुके होंगे। अगर ट्विटर, इंस्टाग्राम या फेसबुक पर कोई बात एक बार पोस्ट हो गई तो चाहे उसे एक सेकेंड के बाद डिलीट कर दिया जाए तो भी मुमकिन है कि किसी ने उसका स्क्रीन शॉट ले लिया हो, किसी ने उस कंटेंट को डाउनलोड कर लिया हो, किसी ने उसे शेयर या रिट्वीट कर दिया हो। यह सब अगर किसी ने न भी किया हो, तो भी यह बात तो निश्चित है कि सोशल मीडिया कम्पनी के सर्वर पर वो कंटेंट बना रहेगा, जब तक कि उसे सर्वर से मिटाया न जाए। कानूनी जरूरतों की वजह से सोशल मीडिया कम्पनियाँ किसी भी कंटेंट को निश्चित समय तक सर्वर में जरूर रखती है।

किसी बेहद असहज मौके पर वह फोटो या वीडियो, टेक्स्ट या

ऑडियो आपके सामने प्रमाण के साथ सामने आ जा सकता है और आपको परेशानी में डाल सकता है। मुमकिन है कि वह फोटो किसी और की डिवाइस में किसी हार्ड ड्राइव में किसी की टाइमलाइन पर पड़ा हो सकता है। पुलिस, सुरक्षा एजेंसियों या सरकारों के निर्देश पर सोशल मीडिया कम्पनियाँ किसी भी यूजर का कंटेंट सौंप देती हैं, बेशक यूजर ने वह कंटेंट डिलीट कर दिया हो। व्हाट्सऐप के इऩ्क्रिप्शन के तमाम दावों के बावजूद दो लोगों के निजी संवाद अक्सर सार्वजनिक होते देखे गए हैं। स्पष्ट है कि डिलीट या फॉर्मेट का मतलब डिजिटल कहानी का अन्त नहीं है।

ये समस्या खासकर स्टूडेंट्स के लिए बड़ी परेशानी का कारण हो सकती है क्योंकि उनके एंप्लायर उनकी सोशल मीडिया हिस्ट्री को खँगालकर देख सकते हैं कि उन्होंने इससे पहले क्या-क्या किया था। इसके आधार पर वो किसी कैंडिडेट के बारे में राय बना सकते हैं और इस वजह से किसी को नौकरी के लिए अयोग्य माना जा सकता है। इसे देखते हुए कई शिक्षक और संस्थान स्टूडेंट्स को सलाह देते हैं कि प्लेसमेंट से पहले वे अपनी सोशल मीडिया हिस्ट्री को चेक कर लें और उसमें सम्भावित नुकसानदेह मैटेरियल को हटा दें। सोशल मीडिया एकाउंट को डिलीट करने का विकल्प भी कई स्टूटेंड अपनाते हैं। ऐसा एक नौकरी से दूसरी नौकरी में शिफ्ट करते समय भी करना पड़ सकता है। लेकिन यह इस बात की गारंटी कतई नहीं है कि ऐसा करने से सारी डिजिटल निशानियाँ मिट जाएँगी। किसी व्यक्ति का अतीत किसी भी वक्त उसके वर्तमान में अतिक्रमण कर सकता है।

इसका एक बड़ा असर यह है कि बचपन या अबोध उम्र में जो अल्हड़पन या खिलंदड़ापन जीवन में होता है और जिसकी वजह से बच्चे कई बार नई-नई सही-गलत चीजें करते हैं, उन्हें अब पहले की तुलना में ज्यादा सतर्क रहना पड़ेगा। ऐसा न करने की हालत में इसका

खामियाजा उनको भुगतना पड़ सकता है। सोशल मीडिया पर अगर उनकी कोई चूक अगर एक बार आ गई तो इसका असर उनके जीवन में वर्षों बाद भी हो सकता है। जरूरी नहीं है कि ऐसी स्मृतियों का इस्तेमाल कोई और ही करे। ऐसी यादें खुद उनके जीवन में बुरी छाया की तरह लौट सकती हैं और उनसे मनोवैज्ञानिक कीमत वसूल सकती हैं। यह एक तरह से बच्चों से उनका बचपन छीन लेनेवाली बात है। वक्त को एक समय बहुत बड़ा मरहम माना जाता था क्योंकि बहुत सी बातें वक्त बीतने के साथ लोग भूल जाते थे। सोशल मीडिया के युग में वक्त ने अपना मरहम वाला गुण काफी हद तक खो दिया है।

एक और बात। जो व्यक्ति जितनी कम उम्र में सोशल मीडिया पर आएगा, वह अपने डिजिटल कदमों की निशानियाँ उतनी ही ज्यादा साइबर स्पेस में छोड़ेगा। साथ ही बचपन वह समय भी है, जब इन स्थायी यादों के अच्छे-बुरे असर के बारे में समझ कम होती है।

बच्चों को सोशल मीडिया से दूर रखने की जरूरत का यह एक महत्त्वपूर्ण पहलू है। हालाँकि यह काम कितना मुश्किल है, इसे ज्यादातर अभिभावक जानते हैं!

15

नेताओं का सोशल मीडिया संसार

सोशल मीडिया का महत्त्व लोगों के जीवन में बढ़ता जा रहा है। सोशल मीडिया नाम से ऐसी ध्वनि आती है कि यह समाज में लोगों को जोड़ता है और आपसी संवाद बढ़ाता है। सोशल मीडिया ने लोगों को जोड़ा भी है और आपसी संवाद बढ़ाया भी है। प्रश्न यह है कि वो कौन और कैसे लोग हैं जो सोशल मीडिया में एक-दूसरे से जुड़ते हैं और जिनके बीच संवाद हो रहा है। क्या वह अलग-अलग तरह के और अलग-अलग विचारों के लोगों को जोड़ रहा है या एक ही जैसे और समान विचारोंवालों का जमावड़ा बनाता है?

इस क्रम में यह जानना उपयोगी होगा कि भारतीय राजनीति के दो बड़े नेता नरेन्द्र मोदी और राहुल गांधी अपने ट्विटर हैंडल के जरिए किन लोगों को फॉलो करते हैं और उन्हें किनका स्टेटस अपनी टाइमलाइन पर नजर आता है। कहीं ऐसा तो नहीं कि सोशल मीडिया में नेता और बाकी लोग भी अपने जैसे लोगों और विचारों से घिरे हैं?

भारत में लगभग तमाम दलों के राजनेता सोशल मीडिया पर सक्रिय हैं। खासकर बीएसपी की नेता मायावती के 22 जनवरी, 2019 को ट्विटर पर आने के बाद अब शायद ही कोई दल ऐसा हो, जिसकी सोशल मीडिया पर उपस्थिति नहीं है। समाजशास्त्रियों, राजनीति विज्ञानियों और जनसंचार विशेषज्ञ लम्बे समय से यह कहते आए हैं

कि पब्लिक ओपिनियन को प्रभावित किया जा सकता है और इसमें जनसंचार माध्यमों की भूमिका है। अध्येताओं ने इसे सकारात्मक और नकारात्मक दोनों नजरिए से देखा है। प्रोपेगेंडा के जनक माने जानेवाले एडवर्ड बर्नेस और पब्लिक रिलेशन की शुरुआत करनेवाले आईवीली की राय में देश और समाज में ओपिनियन मेकिंग को अराजक तरीके से होने नहीं दिया जाना चाहिए। उनका मानना था कि विचारों को दिशा देना सम्भव है और ऐसा करना जरूरी भी है। पब्लिक रिलेशन का हजारों करोड़ रुपए का पूरा बिजनेस इसी अवधारणा के आधार पर चलता है कि लोगों के विचारों को खास तरीके से संचालित करना मुमकिन है।

संचार माध्यम लम्बे समय से इस काम को करने की कोशिश कर रहे हैं। इसमें दो नई चीजें पिछले दो दशक में हुई हैं। एक, इंटरनेट और सोशल मीडिया के रूप में जनसंचार के नए माध्यम आ गए हैं और दूसरा, हर धारा के राजनीतिक वर्ग ने इसके महत्त्व को स्वीकार करके इसका इस्तेमाल शुरू कर दिया है। यह एक वैश्विक प्रवृत्ति है। ऐसे में यह स्वाभाविक है कि भारत के दो प्रमुख नेता नरेन्द्र मोदी और राहुल गांधी भी सोशल मीडिया पर सक्रिय हैं।

ये ध्यान रखा जाना चाहिए कि सोशल मीडिया को द्विपक्षीय और बहुपक्षीय यानी टू वे और मल्टि वे कम्युनिकेशन का जरिया माना जाता है और हर सन्देश देनेवाला, सन्देश ग्रहण करनेवाला यानी रेसिपिएंट भी है। इस लिहाज से नरेन्द्र मोदी और राहुल गांधी बेशक लगातार अपने सन्देश सोशल मीडिया के जरिए लाखों लोगों तक पहुँचाने की निरंतर कोशिश कर रहे हैं लेकिन साथ ही वे सोशल मीडिया में अन्य लोगों द्वारा पोस्ट किए जा रहे सन्देशों से वाकिफ भी हो रहे हैं और सम्भवत: प्रभावित भी हो रहे होंगे। ऐसा लिखते समय हम यह मानकर चल रहे हैं कि दोनों लोग अपना सोशल मीडिया खुद चलाते हैं या कम-से-कम उस पर नजर जरूर रखते होंगे। हालाँकि इस प्रभाव को

मापने का कोई जरिया नहीं है, इसलिए यह कह पाना मुश्किल है कि वे सोशल मीडिया पर जो देखते हैं, वह उनकी विचार प्रक्रिया या फैसलों को किस तरीके से प्रभावित करता है।

ट्विटर या किसी भी सोशल मीडिया के एल्गोरिदम के हिसाब से देखें तो किसी ट्विटर हैंडल की टाइमलाइन पर ज्यादातर वही सामग्री नजर आती है, जिन्हें वो लोग डालते हैं जिन्हें वह हैंडल फॉलो करता है, या जिसे उसके फॉलोवर रिट्वीट या लाइक करते हैं। मतलब कि ज्यादातर मामले में यह फॉलोवर्स और फॉलोविंग आईडी के आसपास बनी दुनिया होती है।

ये सोशल मीडिया का एको चेम्बर है, जहाँ वही-वही आवाजें बार-बार सुनाई देती हैं। अगर यह मानकर चलें कि नरेन्द्र मोदी और राहुल गांधी अपना ट्विटर खुद चलाते हैं तो दोनों को अपनी टाइमलाइन पर क्या दिख रहा होगा? इसका जवाब है कि वो जिनको फॉलो कर रहे हैं, उनकी बताई या लाइक की हुई या ट्वीट की हुई सामग्री। यही उनको अपनी टाइमलाइन पर नजर आएगी।

राहुल गांधी या नरेन्द्र मोदी अपनी ट्विटर टाइमलाइन पर क्या देख रहे होंगे, इसका महत्त्व सिर्फ उनके लिए नहीं बल्कि लोकतंत्र और पूरे राष्ट्र के लिए भी है।

किसी भी बड़े लोकतंत्र में जनमत निर्माण में मॉस मीडिया की बहुत बड़ी भूमिका होती है। कुछ विद्वानों का मानना है कि मॉस मीडिया समाज के मुद्दे तय करने में महत्त्वपूर्ण भूमिका निभाता है। इसे एजेंडा सेटिंग थ्योरी कहा जाता है। इस थ्योरी के मुताबिक, मीडिया बेशक यह तय नहीं कर पाता कि नागरिक किस मुद्दे पर किस तरह से सोचें, लेकिन वे किन मुद्दों के बारे में सोचें, यह काफी हद तक मीडिया ही तय करता है। ऐसे भी भारत जैसे बड़े देश में जहाँ लोकसभा सीटों में अक्सर 10 लाख या उससे भी ज्यादा मतदाता होते हैं, नेताओं और

राजनीतिक दलों के कामकाज और कमजोरियों के बारे में लोगों को जानकारी मीडिया से ही मिलती है।

पब्लिक ओपिनियन को लेकर सैद्धान्तिक सूत्रीकरण करनेवाले वाल्टर लिपमैन लोकतंत्र में वास्तविक सूचनाओं के प्रवाह को बहुत महत्त्वपूर्ण मानते हैं। वे कहते हैं, "अगर विश्वसनीय और उपयोगी समाचारों का अभाव हो तो लोकतंत्र के बारे में की गई सारी आलोचनाएँ सत्य साबित हो जाएँगी। अगर जनता को तथ्यों तक नहीं पहुँचने दिया गया तो उनमें अक्षमता, लक्ष्यहीनता, भ्रष्टाचार, अविश्वसनीय बन जाना, भयभीत होना, यह सारे दुर्गुण आ जाएँगे।"

इंटरनेट, सोशल मीडिया, ग्लोबल विलेज यह सारे शब्द सुनकर लगता है कि सारी दुनिया एक-दूसरे से बहुत गहरे तरीके से जुड़ गई है। सोशल मीडिया में आप किससे कनेक्ट होते हैं, इसे समझने के लिए दो अवधारणाएँ उपयोगी हैं—एको चेम्बर और फिल्टर बबल।

सोशल मीडिया ने लोगों को विभिन्न गुटों या गिरोहों में बाँट दिया है, जहाँ धारणाएँ बदलती कम और मजबूत ज्यादा होती हैं। यह समूह या गिरोह देश और राज्य की सीमाओं से परे हो सकते हैं। विजुअल कम्यूनिकेशन की वजह से यह कनेक्शन कई बार भाषा से भी परे हो जाते हैं। यह समूह पहचान से लेकर विचार और समान हित समेत किसी भी आधार पर बन सकते हैं।

सोशल मीडिया के एल्गोरिदम के कारण लोग अपने जैसे लोगों से ज्यादा कनेक्ट होते हैं। हारवर्ड लॉ स्कूल के प्रोफेसर कास आर. संस्टेन इसे *एको चेम्बर* यानी ऐसी जगह कहते हैं, जहाँ लोगों की अपनी ही आवाज गूँजकर उन तक पहुँचती है। इसे समझाते हुए वे *ग्रुप पोलराइजेशन* यानी समूहों के ध्रुवीकरण के बारे में बताते हैं कि सोशल मीडिया पर लोग कैसे खेमों में बँट जाते हैं। दरअसल लोगों के विचार अक्सर पहले से तय होते हैं जो उनकी परवरिश से लेकर

उनके जन्म और उनके आसपास रहनेवाले लोगों, विचारों और कई और बातों से तय होते हैं और बदलते हैं। सोशल मीडिया पर एक जैसे विचारों और पसन्द के लोग एक जगह इकट्ठा हो जाते हैं और पहले से बने हुए विचारों को ही मजबूत करते हैं।

सोशल मीडिया का एल्गोरिदम इसी तरह बनाया गया है कि आप जब कोई वीडियो देखते हैं तो वीडियो प्लेटफॉर्म आपकी रुचि का अन्दाजा लगाते हुए वैसे ही और वीडियो आपको सजेस्ट करता है। दरअसल यह प्लेटफॉर्म इस बात का डाटा रखते हैं कि बाकी जिन लोगों ने वो वीडियो देखा था, वे अगला वीडियो किस तरह का देखते हैं। या फिर इस बात का भी अन्दाजा लगाया जा सकता है कि आपकी फ्रेंड लिस्ट के लोग और क्या देखते हैं। वैसे ही वीडियो सजेशन के तौर पर आपके सामने आ जाते हैं।

संस्टेन एको चेम्बर को लोकतंत्र के लिए अच्छा नहीं मानते। राष्ट्रपति चुनावों में जॉर्ज डब्ल्यू बुश और एल गोर के मुकाबले और बिल क्लिंटन पर चले इंपीचमेंट यानी महाभियोग के दौरान सोशल मीडिया का अध्ययन करके उन्होंने बताया कि किस तरह से अमेरिकी जनता इंटरनेट पर दो समूहों में बँटकर संवाद कर रही थी। जब लोग सोशल मीडिया पर ऐसे ग्रुप्स के सम्पर्क में आए तो उनकी पहले से बनी हुई अवधारणाएँ और मजबूत हो गईं।

एको चेम्बर से मिलती-जुलती एक अवधारणा एली परेज़र ने अपनी पुस्तक 'फिल्टर बबल' में पेश की है। उनका मानना है कि इंटरनेट लोगों के लिए फिल्टर बबल यानी एक चुना हुआ बन्द घेरा बनाता है, जहाँ उनके अपने विचार की सामग्री ही परोसी जाती है, जिससे उनके

सोशल मीडिया में हम जाने-अनजाने में एको चेम्बर या फिल्टर बबल बनाते हैं, जहाँ हमें अपनी ही आवाजें गूँजती हुई सुनाई देती हैं।

अपने विचार पुष्ट होते रहते हैं और दूसरे विचार या नापसन्द आनेवाली सामग्री उन तक पहुँचती ही नहीं है या कम पहुँचती है। ऐसा सोशल मीडिया ही नहीं, दूसरे तमाम डिजिटल प्लेटफॉर्म के जरिए हो सकता है। इससे आनेवाली समस्या के बारे में माइक्रोसॉफ्ट के चेयरमैन बिल गेट्स ने एक इंटरव्यू में कहा है कि "सोशल मीडिया आपको अपने जैसे लोगों के बीच पहुँचा देता है, इसलिए आप दूसरे विचारों से न तो वाकिफ होते हैं न उन्हें समझने की कोशिश करते हैं।"

परेजर का कहना है कि इसके लिए डिजिटल प्लेटफॉर्म पर्सनलाइजेशन की आधुनिकतम टेक्नोलॉजी का इस्तेमाल कर रहे हैं। सोशल मीडिया का एल्गोरिदम लगातार इस बात पर नजर रखता है कि यूजर और उसके दोस्त किस तरह के कंटेंट के साथ एंगेज हो रहे हैं, क्या लाइक और शेयर कर रहे हैं, और फिर वैसी ही सामग्री, वैसी ही फ्रेंड लिस्ट का विकल्प यूजर के सामने पेश कर दिया जाता है। बुनियादी तौर पर यह एक घेरा है जो यूजर को एक सँकरी गली में ले जाता है, जहाँ उसे लगता है कि उसके सामने सूचनाओं का महासमुद्र है, जबकि उसे एक चुने हुए दायरे में सीमित कर दिया जाता है।

भारत के दो प्रमुख नेताओं के सोशल मीडिया बिहेवियर को समझने के लिए कुछ सवालों के जवाब ढूँढ़े जाने चाहिए। मसलन,

1. नरेन्द्र मोदी और राहुल गांधी अपने ट्विटर हैंडल पर जिनको फॉलो करते हैं, वे कौन हैं?
2. ये दोनों नेता जिन लोगों को फॉलो करते हैं, उनका क्या कोई राजनीतिक रुझान है?
3. क्या यह दोनों नेता अपने विरोधी विचार के लोगों को भी फॉलो करते हैं या वे सभी उनके अपने राजनीतिक विचारों के लोग हैं।

4. क्या ट्विटर पर इन दोनों नेताओं द्वारा फॉलो किए लोगों की लिस्ट एको चेम्बर और फिल्टर बबल की अवधारणा के अनुसार है?

नरेन्द्र मोदी जिन लोगों को फॉलो करते हैं उनकी टॉप 100 लिस्ट में 66 राजनेता हैं। इनमें से सभी बीजेपी के हैं या बीजेपी समर्थक हैं। इसके अलावा कॉरपोरेट जगत की सिर्फ एक हस्ती को वे फॉलो करते हैं। दो पत्रकारों को इस लिस्ट में जगह मिली है। दो सरकारी ट्विटर हैंडल को नरेन्द्र मोदी फॉलो करते हैं। दो अन्तरराष्ट्रीय नेताओं को भी नरेन्द्र मोदी फॉलो करते हैं। 27 ट्विटर हैंडल अलग-अलग श्रेणियों के हैं, जिनमें खिलाड़ी, फिल्म कलाकार, धर्मगुरु और कुछ विदेशी भी हैं।

	नेता	कॉरपोरेट	पत्रकार	सरकारी हैंडल	विदेशी नेता	अन्य
टॉप 100 नरेन्द्र मोदी जिन्हें फॉलो करते हैं	66	1	2	2	2	27

राहुल गांधी जिन 100 टॉप लोगों को फॉलो करते हैं उनमें से 56 नेता हैं। इनमें से 52 सीधे कांग्रेस से जुड़े हैं। जबकि एनसीपी के 2, जेडीएस का एक, स्वराज पार्टी का एक नेता है। इसके अलावा चार विदेशी नेताओं को वे फॉलो करते हैं, जिनमें तीन अमेरिका की डेमोक्रेटिक पार्टी के हैं, जबकि एक नेता रिपब्लिकन है। राहुल गांधी 10 कॉरपोरेट हस्तियों को फॉलो करते हैं। वे 16 पत्रकारों को फॉलो करते हैं, जिनमें सभी या तो कांग्रेसी या फिर वामपंथी-डेमोक्रेटिक रुझानों के लिए जाने

जाते हैं। अन्य 14 लोगों को भी वे फॉलो करते हैं, जिनमें अलग-अलग श्रेणियों के लोग हैं।

	नेता	कॉरपोरेट	पत्रकार	सरकारी हैंडल	विदेशी नेता	अन्य
टॉप 100 राहुल गांधी जिन्हें फॉलो करते हैं	56	10	16	0	4	14

दोनों नेताओं की लिस्ट में कई अन्तर हैं, जैसे कि नरेन्द्र मोदी सोशल मीडिया में ज्यादातर नेताओं से घिरे हैं। कॉरपोरेट जगत को वे ज्यादा फॉलो नहीं करते और पत्रकार भी उनकी लिस्ट में कम हैं। विदेशी नेताओं को भी वे ज्यादा फॉलो नहीं करते। इस मामले में राहुल गांधी की लिस्ट में कॉरपोरेट जगत और पत्रकारों को खासी जगह मिली है।

लेकिन एक बात महत्त्वपूर्ण है कि दोनों नेताओं ने ज्यादातर नेताओं को फॉलो किया है और वे सभी नेता उनकी अपनी पार्टी या सहयोगी पार्टी के हैं। दोनों नेता विरोधी पार्टी के नेताओं की आम तौर पर अनदेखी करते हैं। दोनों देश के प्रमुख नेता हैं लेकिन दोनों एक- दूसरे को फॉलो नहीं करते। यानी उनकी दिलचस्पी यह जानने में नहीं है कि सोशल मीडिया पर वे एक-दूसरे के बारे में क्या बोलते-लिखते हैं। जाहिर है कि दोनों को तमाम और स्रोतों से पता चल जाता होगा कि वे क्या बोल रहे हैं, लेकिन वे इस बात को सोशल मीडिया के जरिए सीधे तौर पर नहीं जानना चाहते हैं। इस मामले में उन्होंने अपने-अपने फिल्टर बबल बना लिए हैं। बिल गेट्स से लेकर सन्सटेन और एली परेजर की जो चिन्ता है कि सोशल मीडिया में लोग अपने जैसे लोगों के बीच घिर जाते हैं और विरोधी विचारों से उनका सामना कम होता है, वह दोनों नेताओं के बारे में भी सच है।

आँकड़ों से स्पष्ट है कि दोनों नेता अपने ट्विटर हैंडल में मुख्य रूप से नेताओं और राजनीतिक संस्थाओं को फॉलो करते हैं। इसके अलावा दोनों नेताओं ने मुख्य रूप से अपनी पार्टी के नेताओं को फॉलो किया है। तीसरी श्रेणी उन पत्रकारों और लेखकों की है जो मुख्य रूप से उनके अपने विचारों के आसपास हैं या समर्थक हैं। टॉप 100 फॉलोवर में एक भी फॉलोवर ऐसा नहीं है जो उनके विरोधी राजनीतिक दल से जुड़ा हो। यह शोध अपने सीमित सैंपल साइज के साथ इस ओर संकेत करता है कि सोशल मीडिया में हम जाने-अनजाने में एको चेम्बर या फिल्टर बबल बनाते हैं, जहाँ हमें अपनी ही आवाजें गूँजती हुई सुनाई देती हैं। हालाँकि इस दिशा में और शोध कार्य किए जाने की जरूरत है।

इस शोध को कंटेंट एनालिसिस विधि से किया गया है। डाटा संग्रह के लिए नरेन्द्र मोदी और राहुल गांधी के ऑफिशियल ट्विटर हैंडल को सब्जेक्ट बनाया गया है। डाटा कलेक्शन के लिए सैंपल लेने की तारीख 16 अप्रैल, 2019 है। डाटा में सिर्फ इस बात को देखा गया है कि यह दोनों हैंडल किन लोगों को फॉलो कर रहे हैं। इस शोध में मिले आँकड़े को अलग-अलग कैटेगरी में बाँटकर देखा गया है, जिनमें सरकारी संस्थान, पत्रकार, नेता, खिलाड़ी जैसी कटेगरी हैं। समानता की दृष्टि से नरेन्द्र मोदी और राहुल गांधी के ट्विटर हैंडल से सिर्फ टॉप 100 लोगों को ही चुना गया है।

परिशिष्ट

बीस सूत्र सोशल मीडिया इंफ्लूएंसर बनने के

सोशल मीडिया को यूँ तो वर्चुअल दुनिया माना जाता है लेकिन असर और व्याप्ति के मामले में यह किसी भी भौतिक या रियल संचार माध्यम से कम नहीं है। सोशल मीडिया विचार बनाने और विचारों को प्रभावित करने का प्रमुख जरिया बन चुका है क्योंकि अब किसी भी और जनसंचार माध्यम की उतनी पहुँच नहीं है, जितने लोगों तक सोशल मीडिया पहुँच रहा है। इसके अलावा पारम्परिक जनसंचार माध्यमों की तुलना में सोशल मीडिया में लोगों द्वारा बिताया जा रहा समय भी बहुत ज्यादा है। चूँकि सोशल मीडिया के जरिए टेक्स्ट के अलावा वीडियो, ऑडियो, ग्राफिक्स आदि का भी संचार होता है, इसलिए इसका असर साक्षर-निरक्षर या भाषा के ज्ञान और अज्ञान की सीमाओं से परे है। साथ ही देश की सीमाएँ भी इसे बाँध नहीं सकतीं क्योंकि दुनिया के किसी भी छोर से किसी सोशल मीडिया एकाउंट तक पहुँचा जा सकता है।

सोशल मीडिया ने प्रभावशाली लोगों यानी इंफ्लूएंसर की एक नई कैटेगरी खड़ी कर दी है। सोशल मीडिया में प्रभावशाली किसे कहेंगे? इस सवाल का कोई सीधा जवाब नहीं है। सोशल मीडिया पर प्रभावशाली लोगों की पहली कैटेगरी तो उन लोगों की है जो सोशल मीडिया के बाहर भी प्रभावशाली हैं। वे सोशल मीडिया पर आने के दिन से ही प्रभावशाली नजर आने लगते हैं। मिसाल के तौर पर, बड़े राजनेता, बड़े पदों पर मौजूद लोग, सिनेमा-टीवी स्टार, टीवी एंकर,

स्पोर्ट्र्स स्टार, आदि ऐसे लोग हैं, जिन्हें सोशल मीडिया पर बेहद जल्द कामयाबी मिल जाती है। यह दरअसल सोशल मीडिया से बाहर की पूँजी को सोशल मीडिया की पूँजी में आसानी से बदल लेते हैं और सोशल मीडिया इंफ्लूएंसर बन जाते हैं।

सोशल मीडिया इंफ्लूएंश को मापने का लोकप्रिय तरीका फ्रेंड लिस्ट से लेकर फॉलोवर्स की संख्या और रिट्वीट और शेयर की गिनती तक शामिल है। इनमें से कुछ लोगों की सोशल मीडिया पोस्ट ऑफलाइन चर्चा में भी आती है और उस पर परम्परागत मीडिया में खबर बन जाती है। सोशल मीडिया का इंफ्लूएंश इस बात से भी नापा जा सकता है कि किसी आईडी या हैंडल को जो लोग फॉलो कर रहे हैं या जो रिट्वीट या शेयर कर रहे हैं, वे कितने बड़े इंफ्लूएंसर हैं। यानी अगर आपके किसी ट्वीट को सिर्फ 100 लोग रिट्वीट कर रहे हैं और जो लोग आपके ट्वीट को रिट्वीट कर रहे हैं उनके लाखों या करोड़ों फॉलोवर हैं तो कम रिट्वीट के बावजूद आपकी बात ज्यादा लोगों तक पहुँच रही है और इस मायने में आप अच्छे इंफ्लूएंसर हैं।

सोशल मीडिया इंफ्लूएंसर होना ताकतवर होना है लेकिन साथ में यह कई तरह की जवाबदेही भी लेकर आता है क्योंकि इन लोगों की कही गई बात ढेर सारे लोगों तक पहुँचती है और ढेर सारे लोग इस आधार पर अपने विचार बनाते हैं या उनसे प्रभावित होते हैं।

सवाल उठता है कि अगर आप ऑफलाइन दुनिया में कोई बड़ी शख्सियत नहीं हैं और सोशल मीडिया में असरदार यानी इंफ्लूएंसर बनना चाहते हैं तो आपको क्या करना चाहिए। आप इन 20 उपयोगी सूत्रों का ध्यान रखकर असर देख सकते हैं :

1. आपके पास कहने के लिए मैसेज यानी बात होनी चाहिए। यह बात जरूरी नहीं है कि वह बात टेक्स्ट यानी लिखित रूप

में हो। आपकी कोई तस्वीर भी बात ही है। इसी तरह वीडियो या ग्राफिक्स के जरिए या किसी लिंक को शेयर करके भी अपनी बात आप कह सकते हैं। तब आपको यह सोचना होगा कि आपको कौन-सी बात कहनी है और कैसे कहनी है।

2. इसे तय करने के लिए कोई तय नियम तो नहीं हो सकता कि आपको कौन-सी बात कहनी चाहिए, लेकिन आपको इस बात का ध्यान जरूर रखना चाहिए कि आप किन लोगों से अपनी बात कह रहे हैं। आपको अपने श्रोता या दर्शक या पढ़नेवालों को ध्यान में रखकर ही कोई बात पोस्ट करनी चाहिए। इसका मतलब यह नहीं है कि हर समय आप एक ही तरह की बात पोस्ट करें। इससे आपके पोस्ट ऊब पैदा करेंगे और लोग आपको देखे बिना आगे बढ़ जाएँगे।

3. भाषा का ध्यान आपको जरूर रखना चाहिए। आपने जिन लोगों का मजमा जुटाया है, उनकी समझ में आनेवाली भाषा में ही आपको अपनी बात करनी चाहिए। अगर आपने इंग्लिश भाषी लोगों को जोड़ा है या आपके ज्यादातर फ्रेंड और फॉलोवर अगर इंग्लिश भाषा को जानते-समझते हैं तो फ्रेंच या स्पेनिश भाषा में लिखी आपकी पोस्ट को सामान्य स्थिति में ज्यादा प्रतिक्रिया नहीं मिलेगी। तो ध्यान इस बात का रखना है कि जैसे लोग सोशल मीडिया में आपके आसपास हैं, उनकी भाषा में ही आपको बात करनी चाहिए। कई बार एक से ज्यादा भाषा में अपनी बात कही जा सकती है, लेकिन हमेशा ध्यान रहे कि आप किनसे संवाद कर रहे हैं। यहाँ भाषा का अर्थ हिन्दी, इंग्लिश, फ्रेंच जैसी कैटेगरी मात्र नहीं है। भाषा का मतलब कहे या लिखे जाने का सलीका उसका मिजाज वगैरह

भी है ताकि वह इच्छित प्रभाव पैदा कर सके और उसे ढंग से समझा जा सके।

4. भाषा और अर्थ का साम्य। सोशल मीडिया में अपनी बात सरल और असरदार तरीके से कहनी चाहिए। बात इस तरह से कहनी चाहिए कि उसका वही अर्थ लोगों तक पहुँचे जो आप पहुँचाना चाहते हैं। भाषा सीधी हो, और बेहतर है कि उससे एक ही अर्थ निकलता हो। छोटे वाक्य हमेशा बेहतर हैं। खासकर तब जबकि लम्बे वाक्य लिखने का आपका अभ्यास न हो। मिसाल के तौर पर यह कहने से बचें कि "सोहन द्वारा रोटी खाई गई।" इसकी जगह सीधे लिखें—"सोहन ने रोटी खाई।" यह कहने से बचें कि "रमा देवी, जो रतनपुर पंचायत की सरपंच हैं, ने कहा कि वे शिक्षा का प्रचार करेंगी।" सीधे कहें कि—"रतनपुर पंचायत की सरपंच रमा देवी ने कहा कि वे शिक्षा का प्रचार करेंगी।" फॉर्मूला यह है कि जैसे बोलते हैं, वैसे लिखें। भाषा फिल्मों से सीखी जा सकती है।

5. भाषा की शुद्धता का ध्यान रखें। यह सबके लिए जरूरी नहीं है। कुछ लोग गलत भाषा के साथ भी चल जाते हैं, लेकिन ज्यादातर मामलों में यह बात आपको लापरवाह या अज्ञानी ही साबित करती है। अपने लिखे हुए को कम-से-कम एक बार जरूर पढ़ लें। फेसबुक आपको सुधारने की सुविधा देता है। लेकिन उसकी एडिट हिस्ट्री लोगों के लिए खुली होती है। ट्विटर पर तो गलती सुधारने का कोई मौका नहीं होता। या तो आपको कमेंट में या फिर रिट्वीट करके यह बताना होगा कि आपने क्या गलती की है। एक और विकल्प यह

है कि आप अपना ट्वीट डिलीट कर दें। लेकिन मुमकिन है कि तब तक आपका नुकसान हो चुका हो।

6. विश्वसनीय बनें। आपको अगर सोशल मीडिया में लम्बा चलना है और असरदार बने रहना है तो बेशक धीरे चलें, लेकिन विश्वसनीयता बनाए रखें। जब कोई आदमी आपको रिट्वीट करता है तो अक्सर वह आप पर विश्वास करके ऐसा करता है। हालाँकि यह जरूरी नहीं है। कोई आपसे नाराज होकर और आपकी बात को फर्जी बताने के लिए भी आपको रिट्वीट कर सकता है। लेकिन आम तौर पर, विश्वसनीयता बनाए रखें। विश्वसनीयता महीनों और वर्षों में बनती है, लेकिन कई बार एक ट्वीट या एक कमेंट से नष्ट हो जाती है। सँभलकर चलें।

7. ये जरूरी है कि क्या न करें। एक भी गलत ट्वीट या पोस्ट आपकी वर्षों की कमाई को मिट्टी में मिला सकता है। आपकी विश्वसनीयता को नष्ट कर सकता है। आपकी छवि के खिलाफ आपका एक ट्वीट आपके ज्यादातर फॉलोवर्स को नाराज कर सकता है। उन्हें निष्क्रिय बना सकता है। इसलिए बेहतर है कि कुछ भी पोस्ट करने से पहले एक या दो बार उसे पढ़ें। एक मिनट के लिए सोच लें कि जो आप ट्वीट कर रहे हैं, क्या वह जरूरी है। आप जो ट्वीट कर रहे हैं, उसे अपने किसी फॉलोवर की जगह खड़े होकर पढ़िए, देखिए।

8. सोशल मीडिया में जो आप लिख रहे हैं, उसे सोशल मीडिया के कम्युनिटी स्टैंडर्ड पर खरा उतरना चाहिए। वरना सोशल

मीडिया प्लेटफॉर्म आपकी उस पोस्ट को हाइड कर सकता है। आपको वार्निंग दे सकता है, आपको कुछ समय के लिए लिखने या लाइक करने से रोक सकता है और यहाँ तक कि आपका एकाउंट बन्द भी कर सकता है।

9. सोशल मीडिया पर जो भी लिख या पोस्ट कर रहे हैं वह देश के कानून के आधार पर खरा उतरना चाहिए। अगर आपको लिखने या पोस्ट करने से किसी कानून का उल्लंघन हो रहा है तो उसके असर को भाँपकर ही लिखें। मोटे तौर पर आपको मीडिया सम्बन्धी कानूनों की जानकारी होनी चाहिए, क्योंकि जैसे-जैसे आपका असर बढ़ेगा, आपके ट्वीट और पोस्ट पर कई लोग नजर रखने लगेंगे।

10. कम्युनिटी बनाएँ। जो लोग ऑफलाइन दुनिया की शोहरत लेकर आ रहे हैं, वे सोशल मीडिया पर स्वाभाविक तौर पर लोकप्रिय हैं। उनसे आपकी तुलना नहीं हो सकती। लेकिन सोशल मीडिया पर आप लोकप्रिय हो सकते हैं। इसका एक तरीका यह है कि सोशल मीडिया पर आप अपनी जमात खड़ी करें। यह जमात कई तरह से बन सकती है। जब आप किसी एक मुद्दे पर एक नजरिए से लगातार लिखते हैं तो उस विचार के लोग आपसे जुड़ जाते हैं। उसी तरह जब आप किसी एक समुदाय के पक्ष में ट्वीट या पोस्ट करने लगते हैं तो मुमकिन है कि वह समुदाय आपसे जुड़ जाए। हालाँकि नकारात्मक मामले में भी यह सच है। जब कोई ट्विटर हैंडल किसी धर्म के खिलाफ नफरत फैलाने में जुट जाता है तो भी उसे ढेर सारे समर्थक मिलने लगते हैं। मेरी सलाह है कि इससे बचें।

11. सोशल मीडिया भी अपने आप में एक यूनिवर्स है। यहाँ भी आपका अपना एक व्यक्तित्व होता है। आपको तय करना होगा कि सोशल मीडिया पर आप क्या हैं। यह तय करने के बाद आप अलग लम्बे समय तक उस छवि के मुताबिक आचरण करते हैं तो आपकी पर्सनैलिटी को मान्यता मिल जाती है।

12. ये सही है कि कई लोगों ने सोशल मीडिया में अपनी ज्यादातर बातें टेक्स्ट यानी लिखित रूप में कही हैं और वे काफी लोकप्रिय हैं, लेकिन ऐसे लोग फिर भी गिने-चुने हैं। चूँकि सोशल मीडिया आपको कई फॉर्म में अपने को व्यक्त करने का जरिया देता है, इसलिए उचित होगा कि आप पिक्चर, वीडियो, ग्राफिक्स, मीम आदि का ज्यादा से ज्यादा इस्तेमाल करें। कई बार टेक्स्ट के साथ फोटो लगा देने से बात का असर बढ़ जाता है। इसे करके देखें।

13. अपना सबसे शानदार और गौरवशाली छवि को ही सोशल मीडिया में सामने लाएँ। सोशल मीडिया में आपको अक्सर ऐसा लग सकता है कि सभी लोग कितने सुन्दर हैं। कितने ग्रैंड हैं, कितने कामयाब हैं, कितने खुश हैं। कई लोगों के मामले में सच हो सकता है कि उनका जीवन सचमुच उतना ही शानदार हो, जितना कि वो सोशल मीडिया में दिखा रहे हों। लेकिन ज्यादातर मामलों में यह एक स्टेज यानी मंच पर किया गया परफॉर्मेंस है। मुमकिन है कि उनके जीवन में हजार कलह हों लेकिन वे परिवार के साथ अपनी खुशनुमा फोटो शेयर कर रहे हों। हो सकता है कि उन्होंने किसी मौके पर अपनी 50 तस्वीरें ली हों और उनमें से चुनकर एक खास फोटो पोस्ट की हो। ऐसा करना चाहिए। इसमें कोई बुराई

नहीं है। कई मामलों में आपकी वेदना और तकलीफ को भी सोशल मीडिया में लोकप्रियता मिल सकती है। लेकिन यह सब कुछ सोच-समझकर ही करें।

14. सोशल मीडिया पर होने का मतलब सिर्फ अपनी बात कह देना या अपनी तस्वीर लगा देना नहीं है। यह उनके लिए तो चल सकता है जो सेलिब्रिटी हों। आपको न सिर्फ अपनी पोस्ट या ट्वीट पर आए कमेंट का जवाब देना चाहिए बल्कि दूसरे के वाल पर जाकर भी एंगेज और इनवॉल्व होना चाहिए। अगर आप दूसरों के ट्वीट और पोस्ट पर कमेंट कर रहे हैं तो आपकी पोस्ट उन लोगों को प्राथमिकता से नजर आएगी और मुमकिन है कि वे भी आपकी वाल पर आकर कमेंट करें। इस तरह आपके आसपास एक कड़ी या चेन बन जाएगी जो आपकी बात को दूर तक ले जाएगी।

15. कई बार आप जिस बात को कहना चाहते हैं, मुमकिन है कि उससे मिलती-जुलती बातें और लोग भी कह रहे हों। ऐसी बातों को रिट्वीट और शेयर करें। इससे आपकी बात मजबूत होगी। जिन तक आप अपनी बात पहुँचाना चाहते हैं उन्हें टैग करें। इससे आपका ट्वीट उनके नोटिफिकेशन में नजर आएगा।

16. गलतियों से सीखिए। जब आपको अपनी किसी पोस्ट या ट्वीट पर अपेक्षित रिएक्शन नहीं मिलता हो तो एक बार सोचिए कि आप कहाँ गलत हैं। ऐसा क्या है कि आपकी कुछ पोस्ट कामयाब है और कुछ नाकामयाब। इससे आपको लगातार खुद को सुधारने का मौका मिलेगा। लगातार नए तरीके से सोचें और उस पर आनेवाली प्रतिक्रिया का आकलन करें।

इस तरह आपकी पोस्ट लगातार आकर्षक होती चली जाएगी। आपको लगातार ऐसी बातें पोस्ट करनी चाहिए जिसे लोग रिट्वीट या शेयर करना चाहें।

17. पोस्ट के बीच समय का कितना अन्तर रखें और अपनी पोस्ट किस समय डालें, इस बारे में कोई नियम नहीं है। यह आपके कंटेंट और आपकी ऑडियंस से तय होगा। प्रतिक्रियाओं पर नजर बनाए रखकर इस बारे में अपने लिए नियम खुद बनाएँ।

18. अगर आपको अपने कंटेंट के जरिए किसी प्रोडक्ट, विचार या नेता या किसी व्यक्ति को प्रमोट करना है और आपकी छवि निष्पक्ष और सन्तुलित व्यक्ति की है तो अक्सर इस काम को बहुत खुलकर नहीं करना चाहिए। और बार-बार तो कतई नहीं करना चाहिए। इस नियम का एक ही अपवाद है कि आपकी अपनी ब्रांड इमेज अगर प्रमोट किए जानेवाले ब्रांड से एकाकार है तो आपके सामने उस व्यक्ति या ब्रांड के बारे में बार-बार लिखने के अलावा कोई उपाय नहीं है। बाकी स्थितियों में आप 80:20 का नियम अपना सकते हैं। यानी 80 प्रतिशत अन्य रोचक बातों के बीच 20 प्रतिशत ब्रांड प्रमोशन। हालाँकि हर केस में यह नियम अलग होगा। मुद्दे की बात यह है कि इसका मिक्स आपको बनाना चाहिए और यह काम सचेत तरीके से किया जाना चाहिए।

19. सोशल मीडिया में कई लोग तेजी से कामयाब हो जाते हैं, लेकिन ऐसे लोग उनसे कई गुना ज्यादा हैं, जिन्हें कामयाब होने के लिए इंतजार करना पड़ा है। इसके अलावा आपके

पास ऐसे मौके आ सकते हैं, जब अपनी कोई पोस्ट, ट्वीट या जीवन की किसी घटना के कारण आप चर्चा में हों। ऐसे मौके पर सोशल मीडिया में आपको अपना दायरा तेजी से बढ़ाने की कोशिश करनी चाहिए।

20. सोशल मीडिया पर लोगों को बेवकूफ बनाने की कोशिश न करें। बेवकूफ बनना किसी को भी पसन्द नहीं है। आप किसी को एक-दो या कई बार बेवकूफ बना सकते हैं, लेकिन कृपया यह न सोचें कि आप किसी को हमेशा बेवकूफ बना पाएँगे। यह तो नहीं कहा जा सकता कि सोशल मीडिया पर सिर्फ ईमानदार बातें करनेवाले कामयाब हैं। लेकिन बेहतर यही होगा कि आप गलत बातें न करें और फिर भी सोशल मीडिया में कामयाब हो जाएँ।

सन्दर्भ सूची

पुस्तकें और रिपोर्ट, जो इस विषय को गहराई में जाकर समझने में उपयोगी हो सकती हैं। ये कोई समग्र सूची नहीं है और न ही ऐसी कोई सूची बना पाना सम्भव है, क्योंकि ये अत्यन्त तेजी से विकसित होता और बदलता ज्ञान क्षेत्र है, जहाँ तथ्य और सत्य लगातार बदलते रहते हैं।

चतुर्वेदी, स्वाति (2017), *हाँ, मैं ट्रोल हूँ*, नई दिल्ली, जगरनॉट बुक्स

सैम, सिरिल और ठाकुरता, परंजॉय गुहा (2019), *फेसबुक का असली चेहरा*, प्रकाशक-परंज़ॉय गुहा ठाकुरता

Allcott, H. and Gentzkow M (2017), *Social media and fake news in the 2016 election*; Journal of Economic Perspectives 31(2): 211–236.

Allcott, H. et All, *Trends in the diffusion of misinformation on social media*; Research and Politics April-June 2019 : 1–8

Begdikian, Ben (1988), *Media Monopoly*; Boston : Beacon Press.

Bernays, E. L. (1928), *Propaganda*; New York : H. Liveright.

Bhaskaran Harikrishnan et all, (2017) *Contextualizing Fake News in Post-truth Era : Journalism Education in India*; Sage Publications.

Bradshaw Samantha and Howard Philip N. (2018) *The Global Organization of Social Media Disinformation Campaign*; Journal of International Affairs, Vol. 71,pp. 23-32.

C. McGinnis William (1938) *Public Opinion*; Sage Publication.

Campbell, W. Joseph, *Yellow Journalism: Puncturing the Myths, Defining the Legacies, Contributors*; Praeger, Westport, CT. 2001.

Chamaria, Anil et al (ed) (2006), *Survey of the Social Profile of the Key Decision Makers in the National Media*; New Delhi : Media Studies Group.

Chomskey, Noam and Herman, Edward (1994). *Manufacturing Consent : The Political Economy of the Mass Media*; London : Vintage Publications.

Cooper, Ann. (2008), *The Bigger Tent : Forget who is a journalist; the important question is, What is journalism?;* https://archives.cjr.org/essay/the_bigger_tent_1.php (Accessed on 9 April, 2020).

Council of Europe report (2017), *Information Disorder : Towards an interdisciplinary framework for research and policy making.*

Davison, W.P. (1983), *The Third-Person Effect in Communication*; Public Opinion Quarterly, Volume 47, Issue 1, SPRING 1983, Pages 1–15.

Dice Mark (2017), *The True Story of Fake News : How Mainstream Media Manipulates Millions;* Kindle Edition, The Resistance Manifesto.

Disinformation and 'fake news' : Interim Report; British House of Commons, 29 July, 2018.

Duty, Identity, Credibility : Fake News and the ordinary citizen in India; study by BBC news (2018).

European Commission Report of the independent High Level Group (HLEG) on Fake News and Online Disinformatio, *A multi-dimensional approach to disinformation* (2018).

Evans, David S. (1981), *The Great Moon Hoax II, Sky and Telescope*; vol. 62, page 308.

FICCI (2019), *A billion screens of opportunity India's Media & Entertainment sector*; New Delhi.

Grant, Scott. (2011) *We're All Journalists Now : The Transformation of the Press and Reshaping of the Law in the Internet Age*; New York : Free Press.

H Martin (2017), *Towards a political economy of fake news;* The Political Economy of Communication 5(2), 82–94.

Ho Ryaan et Al, LSE paper 'The truth behind fake news', https://info.lse.ac.uk/staff/divisions/Teaching-and-Learning-Centre/Assets/Documents/GROUPS-papers/GROUPS-2017/Group-9-The-Truth-Behind-Fake-News.pdf.

Jeffrey, Robin (2001), *[Not] Being There : Dalits and India's Newspapers*; South Asia : Journal of South Asian Studies, Vol 24 (2): 225-238.

Markus, Prior (2007), *Post-Broadcast Democracy : How Media Choice Increases Inequality in Political Involvement and Polarizes Elections*; New York : Cambridge University Press.

Marwick, Alice (2018), *Why Do People Share Fake News? A Sociotechnical Model of Media Effects*; https://www.e-skop.com/images/UserFiles/Documents/Editor/fake_news.pdf.

McGonagle Tarlach (2017), *Fake News : False fears or real concerns?;* Netherlands Quarterly of Human Rights, Vol 35(4) 203-209, Sage Publications.

Morozov, Evgeny (2011), *The Net Delusion : The Dark Side of Internet Freedom;* New York: Public Affairs Publisher.

Oxfam-NewsLaundry (2019), *Who Tells Our Stories Matters: Representation of Marginalised Caste Groups in Indian Newsrooms*; New Delhi.

Pariser, Eli (2012), *The Filter Bubble : How the New Personalized Web Is Changing What We Read and How We Think*; London : Penguin.

Schifino, Linda (2006), *Engaging Vernacular Voices : Exploring Online Public Spheres of Discourse for Everyday Citizens*; https://dsc.duq.edu/etd/1153/ .

Silverman Craig, *I Helped Popularize The Term "Fake News" And Now I Cringe Every Time I Hear It*; Buzzfeed, December 31, 2017. https://www.buzzfeednews.com/article/craigsilverman/i-helped-popularize-the-term-fake-news-and-now-i-cringe.

Silverman, Craig (2016), *This Analysis Shows How Viral Fake Election News Stories Outperformed Real News On Facebook, Buzzfeed*; November 16, 2016. https://www.buzzfeednews.com/article/craigsilverman/viral-fake-election-news-outperformed-real-news-on-facebook.

Sinha, Pratik et all (2019) *India Misinformed: The True Story*; NOIDA : Harper Collins India publication.

Spenkuch, J., and D. Toniatti (2016), *Political Advertising and Election Outcomes*; Kilts Center for Marketing at Chicago Booth, Nielsen Dataset Paper Series 1-046.

Stefanit, Oana et all, (2018) Fake News and the Third-Person Effect: They are More Influenced than Me and You, Romania: Journal of Media Research, Vol. 11 Issue 3(32) / 2018, pp. 5-23.

Sunstein, Cass R.(2017), *#Republic : Divided Democracy in the Age of Social Media*; Princeton : Princeton University Press.

Tsipursky Gleb and Votta Fabio, *Fighting Fake News and Post-Truth Politics with Behavioral Science*; The Pro-Truth Pledge, 2018.

Tunstall, J. (1970), *Media Sociology*; London : Constable.

Tunstall, J. (1977), *The Media are American;* London : Constable.

UNESCO handbook of Journalism,Fake News and disinformation, 2018, published by UN Educational, Scientific and Cultural organization.

Vargo C, Guo L and A Michelle (2018), *The agenda setting power of Fake News : A big data analysis of the online media landscape from 2014 to 2016.*

Vasterman, Peter (2018), *Media Hype to Twitter storm*; From racial hoaxes to media hypes Fake news' real consequences. https://www.degruyter.com/document/doi/10.1515/9789048532100-018/html.

Vasterman, Peter (ed.) (2018), *From Media Hype to Twitter Storm. News Explosions and Their Impact on Issues, Crises, and Public Opinion*; Amsterdam University Press.

Many Americans Say Made-Up News Is a Critical Problem That Needs To Be Fixed. https://papers.ssrn.com/sol3/papers.cfm?abstract_id=3138238.

A guide to anti-misinformation actions around the world, https://www.poynter.org/ifcn/anti-misinformation-actions/ .

Govt launches 'Fake News Buster' account to expose false reports, https://www.dawn.com/news/1436167.

Pew Research. (2019), *Many Americans Say Made-Up News Is a Critical Problem That Needs To Be Fixed*; https://www.journalism.org/2019/06/05/many-americans-say-made-up-news-is-a-critical-problem-that-needs-to-be-fixed/.

Moon Shot : Race, a Hoax, and the Birth of Fake News; NewYorker (2017) https://www.newyorker.com/books/page-turner/moon-shot-race-a-hoax-and-the-birth-of-fake-news.

Death by Social Media; https://www.livemint.com/Politics/jkSPTSf6IJZ5vGC1CFVyzI/Death-by-Social-Media.html (2 August, 2018).

TRAI, 2019; https://main.trai.gov.in/sites/default/files/PR_No.22of2019.pdf.

Social Media Users in India; https://www.statista.com/statistics/278407/number-of-social-network-users-in-india/.